ADVENT-VERLAG LÜNEBURG

Jon L. Dybdahl

Wie stille ich meinen geistlichen Hunger?

Zehn bewährte christliche Disziplinen

ADVENT-VERLAG

Originaltitel: *Satisfying the Longing Hunger of Your Soul*

Projektleitung und Lektorat: Werner E. Lange
Übersetzung: Wilfried Müller
Korrektorat: Erika Schultz
Einbandgestaltung: Sislak Design, Bad Soden-Salmünster
Titelfoto: © Lucky Dragon – Fotolia
Satz: rimi-grafik, Celle
Gesamtherstellung: Thiele & Schwarz, Kassel

Die Bibelzitate sind – falls nichts anderes vermerkt ist – der *Bibel nach der Übersetzung Martin Luthers* (revidierter Text 1984), durchgesehene Ausgabe in neuer Rechtschreibung, © 1999 Deutsche Bibelgesellschaft, Stuttgart, entnommen.

Ansonsten bedeuten:

EB = *Revidierte Elberfelder Bibel*, © 1985, 1991, 2006 SMC R. Brockhaus im SCM-Verlag GmbH & Co. KG, Witten (vorige Ausgabe);

GNB = *Gute Nachricht Bibel*, revidierte Fassung, durchgesehene Ausgabe in neuer Rechtschreibung © 2000 Deutsche Bibelgesellschaft, Stuttgart; hrsg. zusammen mit dem Katholischen Bibelwerk, Stuttgart.

Hfa = *Hoffnung für alle – Die Bibel* (revidierte Fassung) © 1983, 1996, 2002 International Bible Society, Brunnen-Verlag, Basel und Gießen;

Zür *Die Heilige Schrift,* © 1931, 2005 Verlag der Zürcher Bibel, Zürich.

Pulverweg 6, 21337 Lüneburg

Internet: www.advent-verlag.de, E-Mail: info@advent-verlag.de

ISBN: 978-3-8150-1921-4

Inhalt

Einführung

Dieses Buch geht von einer ganz alten (und für manche Christen doch neuen) Definition des christlichen Glaubens aus, die dich überraschen mag. Wenn dir ihre praktischen Auswirkungen bewusstwerden, wirst du vielleicht sogar schockiert sein. Es kann aber auch sein, dass du das Gefühl haben wirst, endlich zu Hause angekommen zu sein.

Mindestens seit dem 19. Jahrhundert – größtenteils jedoch schon viel länger – haben die Kirchen der westlichen Welt ihre Identität in Glaubenslehren oder Dogmen gefunden. Glaubensbekenntnisse bzw. die Formulierung von Glaubensüberzeugungen bestimmten, was der „Glaube" ist. Er beschränkt sich im Grunde genommen auf eine intellektuelle Zustimmung zu bestimmten Lehren. Ich sage nicht, dass das Interesse an den Lehren der Bibel falsch ist, jedoch haben die Lehren schon oft andere wichtige Aspekte des Glaubens verdrängt.

Das Christsein sollte eine Lebensweise sein – und zwar eine, die gekennzeichnet ist durch die Gemeinschaft mit Gott. Bei Jesu Zeitgenossen schlug die Vorstellung, dass sie in ihm Gott selbst begegneten, wie eine Bombe ein. Matthäus nannte Jesus „Immanuel", was „Gott mit uns" bedeutet (Mt 1,23). Die Gemeinschaft zwischen Gott und den Menschen – jene enge, zweiseitige Beziehung, die im Garten Eden verlorengegangen war – konnte nun schrittweise wiederhergestellt werden. Als Jesus unsere Erde wieder verließ und in den Himmel zurückkehrte, sandte er seinen Jüngern seinen Geist; von nun an war er durch den Heiligen Geist immer unter ihnen gegenwärtig (siehe Joh 14,16–18).

Wesentliche Aspekte und Praktiken der Pflege dieser Beziehung zwischen Gott und Menschen wird dieses Buch behandeln (man nennt sie im Christentum traditionell die „geistlichen Disziplinen“); aber noch viel mehr will es dich anregen, dir die ursprüngliche Definition des christlichen Glaubens zu eigen zu machen und dich zu entschließen, ein Leben in der Gemeinschaft mit Gott zu führen. Ich werde – auch aus eigener Erfahrung – erläutern, wie du jenen geistlichen Hunger stillen kannst, den die einseitige Beschäftigung mit Glaubenslehren und deren unausgewogene praktische Anwendung in vielen Christen erzeugt hat.

Dieses Buch setzt das grundlegende Verständnis Gottes und seiner errettenden Gnade voraus und behandelt bewusst nicht die Theologie des geistlichen Lebens. Es enthält auch nicht Themen wie das Abendmahl und den Sabbat, die anderweitig ausführlich behandelt werden. Da es ursprünglich für eine breitere Leserschaft geschrieben wurde, schöpft es auch nicht aus dem großen Reservoir des wertvollen Schrifttums von Ellen G. White.

Mein Ziel ist es, dich zu ermutigen, das Andachtsleben zu praktizieren. Bitte begleite mich auf dieser Reise. Einiges von dem, was ich sage, musst du sorgfältig durchdenken. Vielleicht wirst du mir nicht in allem zustimmen, aber ich bin fest überzeugt: Wenn du dieses Buch genau liest und die gewonnenen Einsichten anwendest, wirst du – wie viele Andere – erleben, dass sie deinen geistlichen Hunger stillen. Und das wird dich verändern!

Ich wünsche dir von Herzen diese Erfahrung.

Jon L. Dybdahl

Hinweis: Am Anfang jedes Kapitels stehen Zitate von „geistlichen Mitpilgern“. Wer sind sie? Jahrelang habe ich Studenten über die Gestaltung des geistlichen Lebens unterrichtet und dabei die Erfahrung gemacht, dass dies keine Einbahnstraße war. Ich selbst habe von meinen Studenten gelernt. Ihre Aussagen und ihre Ausarbeitungen (aus denen die Zitate stammen) sind mir zum Segen geworden. Begleite uns bitte als ein Mitpilger auf der geistlichen Reise zu einer engeren Gemeinschaft mit Gott.

Teil I

Die Grundlage für ein Leben in Gemeinschaft mit Gott

Kapitel 1

Der universale Hunger nach Gott

„Ich spüre, dass ich mich Gott öffnen muss, damit er zu mir sprechen kann. Es ist wirklich mein Wunsch, Gott zu erleben – nicht auf irgendeine außergewöhnliche Art und Weise, aber so, dass ich seine Gegenwart und Führung wahrnehme."

„Theologie kann dir zwar wichtige Informationen vermitteln, aber sie vermag nicht das tiefe Verlangen der zerbrochenen Seele zu stillen."

„Es gibt keine Reise zu *Gott – nur eine Reise* mit *Gott."*

Geistliche Mitpilger

Der menschliche Hunger nach Gott ist – trotz allem gegensätzlichen Anschein – groß und er ist universal. Selbst wenn er unterdrückt oder geleugnet wird, ist er dennoch in der Tiefe unseres Innern vorhanden.

Der Hunger besteht nicht in dem Wunsch, etwas über Gott zu erfahren, sondern in dem Verlangen, ihm zu begegnen. Menschen wollen nicht bloß Wissen über Gott erwerben, sondern möchten mit dem Göttlichen in Berührung kommen – es erleben und spüren.

Viele Menschen sind von diesem geistlichen Hunger befallen; aber besonders deutlich ist er in der westlichen Welt anzutreffen – dort, wo die traditionellen Formen des Christentums und in letzter Zeit besonders der Säkularismus den Ton angeben.

Ich kenne diesen Hunger, weil ich ihn selbst erlebt habe. 1984 hatte ich gerade meine Promotion im Fach Theologie beendet und unterrichtete an einem adventistischen College. Davor hatte ich einige Jahre in Thailand als Missionar gearbeitet und war dort in eine geistliche Krise geraten. Zwar war ich als Adventist aufgewachsen und wusste verstandesmäßig, woran ich glaubte; aber ich hatte nie etwas erlebt, das meinem Herzen sagte: „Gott hat dich wirklich angenommen." Die fremde Kultur Thailands, in der ich damals lebte und arbeitete, brachte mich aus dem Gleichgewicht und stürzte mich in eine geistliche Krise. Erst nach intensivem Suchen und ernstem Ringen fand ich schließlich zu der Gewissheit, dass ein gnädiger Gott mir vergeben und mich angenommen hat. Ich war – wie Christen so sagen – „wiedergeboren".

Aber das führte mich zu einigen herausfordernden Fragen: Wie konnte es sein, dass jemand wie ich, der in einem christlichen Umfeld aufgewachsen war, adventistische Schulen besucht und nun sogar eine geistliche Neugeburt erlebt hatte, immer noch einen so großen geistlichen Hunger und Durst verspürte? Ich wusste doch, dass Gott mich liebt; warum fühlte ich mich dann dennoch so weit von ihm entfernt? Woran lag das?

Ich machte mich auf die Suche; ich wollte Gott finden. Der Herr führte mich auf dem Weg und er begann damit, mich Anbetung zu lehren. Er benutzte dazu das einfache Zeugnis eines Mannes, der erlebt hatte, wie seine Gemeinde durch von Herzen kommende Anbetung zu neuem geistlichen Leben erweckt worden war. Durch ihn erlebte ich das wunderbare Gefühl der Gegenwart Gottes, das sich einstellt, wenn wir Jesus anbeten. Die Geschichte, die der Quäker Thomas Kelly (1893–1941) in seinem Buch *Heiliger Gehorsam* erzählt,[1] erwärmte mein Herz und lehrte mich Anbetung. Henri Nouwen (1932–1996) verstärkte das Verlangen anzubeten weiter.[2] Diese Autoren und andere Einflüsse verhalfen mir dazu, Gottes Gegenwart wieder wahrzunehmen und mein Andachtsleben umzuwandeln, das zu einer reinen Formsache geworden und fast eingeschlafen war, obwohl ich doch als Missionar und Pastor arbeitete.

---

1 Thomas R. Kelly, *Heiliger Gehorsam*, Friedrich, Bad Pyrmont 1985.

2 H. Nouwen, *Making All Things New*, Harper and Row, San Francisco 1981.

Zunächst begann ich zögerlich, über meine Suche nach Gott zu sprechen, weil ich dachte, nur ich hätte dieses Problem; aber ich fand bald, dass ich keineswegs der Einzige war. Kollegen, die wie ich Theologie oder andere Fächer unterrichteten, fingen an, über ihren geistlichen Hunger zu sprechen. Mit „Furcht und Zittern" wagten ein Kollege und ich, ein experimentelles Seminar zum Thema „Geistliches Leben" anzubieten. Wir führten mit den Studenten eine Rüstzeit durch, während der sie sich in kleinen Gruppen über ihre geistliche Entwicklung austauschten. Zu unserer Überraschung strömten Studenten aller Fachbereiche in Scharen in dieses Seminar, obwohl sie nicht verpflichtet waren, daran teilzunehmen. Lehrer und Studenten verspürten also den gleichen geistlichen Hunger wie ich. Ich erinnere mich noch deutlich an die Antwort eines Studenten, den ich gefragt hatte, warum er teilnahm. Er sagte: „Über unsere Glaubenslehren haben wir schon sehr viel gehört; aber das hier brauchen wir für unser Leben."

In den folgenden Jahren stellte ich fest, dass dieser Hunger nach Gott in unserer Kirche weit verbreitet ist. Die Glaubensgeschwister sind sehr dankbar, wenn ihnen erklärt wird, wie sie Gott wirklich erfahren können; das ist Nahrung für ihre hungrigen Seelen.

Die explosionsartige Zunahme des Interesses an Spiritualität in der Christenheit zeigt, dass der Hunger nach Gott ein universales Phänomen ist. Immer mehr Bücher über Gebet, Andacht, Bibelstudium, Anbetung und andere Themen erscheinen auf dem Markt, und immer mehr Kurse auf Bibelschulen und christlichen Colleges sowie Seminare für die Allgemeinheit werden angeboten. Der Bedarf wächst. Im Westen ist dieser Trend auch unter Nichtchristen unverkennbar, wie die zunehmende Popularität fernöstlicher Religionen zeigt. Bücher und Zeitschriften über spirituelle Themen sind populär. Es wird immer schwerer zu entscheiden, welcher Art von Spiritualität man sich zuwenden soll. Das Fernsehen, Filme und andere Medien sind voller Engel und Dämonen und zeigen Zauberei und alle nur denkbaren Varianten übernatürlicher Ereignisse. Die Menschen sind zwar nicht an den traditionellen Religionen interessiert, aber sie möchten Kontakt mit göttlichen Mächten aufnehmen. Es ist derselbe zugrunde liegende Hunger, den Christen haben.

Ursachen des geistlichen Hungers

Man fragt sich unwillkürlich, warum dieser Hunger in der westlichen Welt gerade in unserer Zeit so stark geworden ist. Woher kommt dieses unstillbare Verlangen? Zum Teil beruht es auf der jüngeren Geschichte und unserer Kultur. So wie körperlicher Hunger die Folge fehlender Nahrungsaufnahme ist, entsteht Hunger nach Gott, wenn er im Leben der Menschen keine Rolle mehr spielt.

Die Epoche der Aufklärung im 18. Jahrhundert und deren Nachwirkungen haben Gott aus dem Denken und Handeln der Menschen verdrängt. Selbst dort, wo noch so etwas wie ein formaler Glaube an Gott fortbesteht, spielt er im täglichen Leben gewöhnlich keine Rolle. Die Wissenschaft kann nahezu alles erklären – so denken auch viele Christen. (In Kapitel 12 werde ich darauf eingehen.)

Es sind vor allem vier Faktoren, die den Hunger nach Gott hervorrufen, und zwar sowohl bei Christen als auch bei Menschen, die in christlich geprägten Gesellschaften leben. Der erste ergibt sich aus unserer traditionellen Definition der christlichen Religion, die besagt, dass Glaube die verstandesmäßige Zustimmung zu bestimmten Lehren ist. Gewöhnlich erklären wir die Gemeinde, der wir angehören, anhand der Glaubenslehren, die sie vertritt. Viele westliche Kirchen folgen dem apostolischen Glaubensbekenntnis. Reformierte Glaubensgemeinschaften haben verschiedene „Bekenntnisse" wie zum Beispiel das von Westminster aus dem Jahr 1646. Theologiestudenten lernen schnell, dass diese Bekenntnisse nichts mit einem Sündenbekenntnis zu tun haben, sondern Lehraussagen darstellen. Christen dienen sie dazu, ihre Rechtgläubigkeit zu demonstrieren und die Unterschiede zu anderen Kirchen deutlich zu machen. Sie zeigen damit ungewollt, dass ihre Definition des Christentums erkenntnismäßiger und intellektueller Natur ist.

Der Gegensatz dieser Definition zu dem Religionsverständnis von Nichtchristen wurde mir eines Tages schlagartig klar, als ich das Fach Weltreligionen unterrichtete. Die Identität der Muslime gründet sich auf fünf Säulen. Die erste ist das Bekenntnis: „Gott ist *einer*, und Mohamed ist sein Prophet". Die anderen vier Säulen beziehen sich alle auf das geistliche Leben und nicht auf Glaubenslehren. Sie verlangen von den Gläubigen, fünfmal am Tag zu beten, den Armen Almosen zu geben, das jährliche Fasten im Ramadan einzuhalten und als Mann wenigstens einmal im Leben eine Pilgerreise nach Mekka zu machen. Für einen Moslem schließt Religion zwar auch eine Lehre ein, hat aber viel mehr mit spirituellem Leben als mit einem intellektuellen Glauben zu tun.

Viele Hindus und Buddhisten beschreiben ihre Form des Glaubens, indem sie erklären, wie sie meditieren. Diese nichtchristlichen Religionen demonstrieren durch die Praxis ihres Glaubens, dass sie unter Religion in erster Linie Anbetung und spirituelles Erleben verstehen und weniger eine Philosophie oder Lehre.

Es ist daher kaum verwunderlich, dass viele Christen einen Hunger nach Gott verspüren; denn ihr – oft nur unbewusstes – Verständnis von der christlichen Religion trennt sie von der Quelle des geistlichen Lebens, nämlich der Gemeinschaft mit Gott.

Das Problem wird noch deutlicher, wenn wir die zweite Ursache des Hungers ansehen. Die allgemein verbreitete christliche Definition von Theologie hindert die Gläubigen daran, ihr Andachtsleben ernst zu nehmen. Die Kirchen sprachen in der Vergangenheit oft von verschiedenen Theologien. Es gab nicht eine Theologie, sondern drei: Die dogmatische Theologie befasste sich mit der Lehre und der Philosophie des Glaubens und lehrte die Leute, was sie glauben sollten. Die Moraltheologie betraf die Ethik und unterwies die Gläubigen darin, wie sie sich in der Gesellschaft und im Umgang miteinander verhalten sollen. Die mystische oder Anbetungstheologie konzentrierte sich auf das geistliche Leben und leitete die Gläubigen dazu an. Die meisten Christen wissen heute nichts mehr von dieser Dreiteilung; sie kennen nur noch eine Theologie und zwar die dogmatische. Theologie ist für sie gleichbedeutend mit Dogmatik. Ist es da verwunderlich, dass sie von vielen als langweilig und irrelevant empfunden wird? Es kann kaum überraschen, dass diejenigen, die sich besonders intensiv mit Theologie befassen, oft den größten Hunger nach Gott haben.

Die dritte Ursache geistlichen Hungers ergibt sich zwangsläufig aus den ersten beiden. Aufgrund ihres tief eingeprägten Verständnisses von Religion und Theologie haben es christliche Religionslehrer auf höchster Ebene meist versäumt, das geistliche Leben überhaupt zu thematisieren. 1994 ergab eine Befragung von 800 Personen durch den Murdoch Trust, dass Gemeindeglieder, Pastoren und Professoren das geistliche Leben sehr unterschiedlich bewerten. Gemeindeglieder sind der Meinung, dass bei einem guten Pastor die Spiritualität das Wichtigste ist; für Pastoren rangiert sie dagegen erst an vierter Stelle, und Theologieprofessoren führen Spiritualität auf der Liste der fünf wichtigsten Bereiche in der Ausbildung eines Geistlichen überhaupt nicht auf.[3] Für sie ist theologisches Wissen das Entscheidende. Das, wonach der durchschnittliche Gläubige hungert, spielt in ihrem Denken kaum eine Rolle!

Auch ich bin ein Produkt dieses Systems. Von der ersten Klasse an besuchte ich eine adventistische Schule und musste am Religionsunterricht teilnehmen. Bis zum Collegeabschluss war ich 16 Jahre lang dem Einfluss dieses Systems ausgesetzt. Danach studierte ich an zwei verschiedenen konservativen christlichen Seminaren Theologie und erwarb schließlich einen Doktorgrad. Ich bedauere diese Ausbildung keineswegs; sie hat mir in mancherlei Hinsicht gutgetan und mich vor Drogen und anderen Gefahren bewahrt. Auch hat sie in mir die Liebe zur Bibel und die Freude an theologischer Lehrtätigkeit und theologischen Gesprächen geweckt. Aber das System war von jener einseitigen Definition von Religion geprägt, die ich beschrieben habe. Während der 20 Jahre meiner Ausbildung habe ich an zahlreichen Kursen über die Bibel und den Glauben teilgenommen und die christliche Lehre und Geschichte intensiv studiert. Am Theologischen Seminar lernte ich sogar die biblischen Sprachen. Aber in all diesen Jahren hat es nicht einen einzigen Kurs über Theorie und Praxis des geistlichen Lebens gegeben! Dass ich betete, wurde einfach vorausgesetzt. Es wurde mir nie zur Aufgabe gemacht, ein Buch über Gebet und Andacht zu lesen. Ich hatte gute Lehrer, und wahrscheinlich dachten sie, ich würde ganz von selbst lernen, was geistliches Leben bedeutet. Das ändert sich zwar jetzt, aber wir müssen zugeben, dass mehrere Generationen von Adventisten so erzogen worden sind und dass die Auswirkungen dieses Erbes leider nach wie vor spürbar sind.

---

[3] Dargestellt in *Christianity Today*, 24. Oktober 1994, S. 75.

Die Verfälschung des Erbes der Begründer

Die vierte und letzte Ursache des Hungers nach Gott hat mit unserem selektiven Umgang mit dem Erbe der Begründer der Adventbewegung zu tun. Geistgeleitete Begründer religiöser Reformen oder Bewegungen haben meist einen ganzheitlichen Ansatz. Ein gutes Beispiel dafür ist Martin Luther. Als Initiator der protestantischen Reformation war er nicht nur Prediger, sondern auch Lehrer und Autor und komponierte sogar Lieder, die damals in den Gottesdiensten gesungen wurden. Natürlich lehrte er Theologie und verfasste theologische Schriften – und seine Theologie bewirkte eine große Erneuerung –, aber Luther war viel mehr als ein Theologe. Er setzte sich auch sehr für ein lebendiges religiöses Leben ein. Als ehemaliger Mönch war er ein eifriger Beter und schrieb auch ein Buch über das Gebet. Jeden Tag verbrachte er zwei bis drei Stunden mit Beten und Nachsinnen über die Bibel; er lebte nach dem Motto „Wohl gebetet ist halb studiert".

Nach Luthers Tod geriet dieser ausgewogene Ansatz – ein neues Verständnis der biblischen Lehre mit einem Leben in der Gemeinschaft mit Gott zu verbinden – bald in Vergessenheit. Das Luthertum entwickelte sich in zwei verschiedene Richtungen. Das konfessionelle bzw. scholastische bewahrte Luthers theologisches Erbe und arbeitete es immer weiter aus. Daraus entstand die protestantische Orthodoxie. Der andere Zweig, der Pietismus, betonte als Reaktion darauf die zentrale Bedeutung einer lebendigen Beziehung zu dem auferstandenen Christus, die den ganzen Menschen einbezieht. Die Pietisten legten allergrößten Wert auf die Hingabe an Gott und auf Mission und Evangelisation. Sie haben auf die weitere Entwicklung des Protestantismus zwar Einfluss gehabt, aber der Konfessionalismus gewann die Oberhand und prägt seitdem die evangelisch-lutherische Kirche.[4] Das ganzheitliche Verständnis des Glaubens an Christus ging nach und nach verloren.

Ähnlich erging es dem Methodismus, der von John Wesley begründet wurde. Auch er war ein ganzheitlicher Reformer. Er

[4] Siehe Artikel „Lutheranism" und „Pietism", in F. L. Cross, Hg., *The Oxford Dictionary of the Christian Church,* Oxford University Press, London 1958.

bekannte sich zur Theologie der Reformation, wollte das Evangelium aber auch in das praktische Leben integrieren. Er legte großen Wert auf Heiligung – im persönlichen und gesellschaftlichen Leben – und gründete eine Bewegung, in der alles zu finden war, was zur Förderung des geistlichen Lebens nötig ist. Sein System der „Klassen" (mit höchstens zwölf Personen) und die Organisation kleiner Gruppen eigneten sich hervorragend dazu, persönliche Jüngerschaft und Andacht in kleinen Kreisen zu fördern, in denen sich die Teilnehmer gegenseitig Rechenschaft schuldig waren.[5] Wesleys Hingabe an Jesus ließ ihn jeden Tag zwei Stunden im Gebet verbringen, gewöhnlich von 4 bis 6 Uhr morgens.[6]

Nach Wesleys Tod veränderte sich der Methodismus allmählich. Im späten 19. Jahrhundert wurde das System der kleinen Gruppen („class meetings" und „bands", Näheres in Kap. 7) aufgegeben. Damit ging ein wesentliches Element des Methodismus verloren, das der Anbetung und dem geistlichen Leben Struktur gegeben und die gegenseitige Verantwortlichkeit gefördert hatte. Seit Mitte des 20. Jahrhunderts ist der Methodismus nur noch für seine sozialen Projekte bekannt. Alle Versuche, das alte System zu neuem Leben zu erwecken, hatten bisher nur wenig Erfolg.

Etwas Ähnliches ist in der Kirche der Siebenten-Tags-Adventisten mit ihrer Prophetin und Mitbegründerin Ellen G. White geschehen. Sie war eine ganzheitliche religiöse Reformerin. Sie hatte wesentlichen Anteil an den Reformen der Lehren über die Wiederkunft Jesu, die Gültigkeit des Gesetzes Gottes und die Natur des Menschen, aber sie predigte, lehrte und schrieb nicht nur, sondern initiierte auch die Gründung von Schulen und medizinischen Institutionen. Darüber hinaus machte sie eindrucksvolle Erfahrungen in der Gemeinschaft mit Gott, war von tiefer Frömmigkeit geprägt und predigte und schrieb über alle Aspekte des geistlichen Lebens.

Aber eine Durchsicht aller wissenschaftlichen Arbeiten über ihr Schrifttum zeigt, dass sich Adventisten nach Ellen Whites Tod in erster Linie mit ihren Aussagen über die Glaubenslehren und den

---

[5] Eine Beschreibung der methodistischen „Klassenversammlungen" findet sich in Russell Burrill, *Gemeinschaft, wie Christus sie meint, Die Gemeindestruktur für das 21. Jahrhundert,* Advent-Verlag, Lüneburg 2006, Kap. 8.

[6] E. M. Bounds, *Kraft durch Gebet,* Herold-Verlag, Frankfurt/M.,1993, S. 36.

Lebensstil befasst haben. Für die meisten Siebenten-Tags-Adventisten wurde sie sogar zur maßgeblichen Autorität in allen theologischen Fragen und zum Vorbild einer konservativen Lebensführung. Ich will ihre Beiträge auf diesen beiden Gebieten nicht abwerten, sondern darauf hinweisen, wie einseitig mit ihrem Schrifttum umgegangen wird. Man findet in den Arbeiten über Ellen White nahezu nichts über ihre Spiritualität und ihre Aussagen zum Andachtsleben. Vor einigen Jahren gab ich einem meiner Assistenten den Auftrag zusammenzutragen, was Ellen White über Reue und Sündenbekenntnis geschrieben hat. Es war überwältigend viel; aber die Kirche hat wenig oder nichts mit diesem Material gemacht, weil ihr wissenschaftliches Interesse anderen Gebieten gilt. Dasselbe könnte man über andere Aspekte des geistlichen Lebens sagen.

In dem Versuch, Ellen Whites Einfluss auf die Theologie abzuschwächen, haben einige sogar behauptet, sie habe nur Andachtsliteratur geschrieben (sie sei nur ein „devotional writer"). Auf diese Weise wollen sie ihre Aussagen in die Gebetsversammlung verbannen und es aus dem Unterrichtsraum fernhalten. Diese Ansicht hat tiefgreifende und beunruhigende Konsequenzen. Ist denn die Anbetungstheologie weniger wichtig für die Kirche als die dogmatische Theologie? Findet das christliche Leben nicht seine höchste Vollendung in der Anbetungstheologie? Vielleicht sollten wir lieber der dogmatischen Theologie einen geringeren Stellenwert geben (nach dem Motto, jemand sei „nur ein dogmatischer Theologe").

All diese Entwicklungen helfen uns zu verstehen, warum heute ein so großer Hunger nach der Begegnung mit Gott herrscht. Der überwiegende Teil der Christen in den westlichen Kirchen neigt zu sehr zu einer erkenntnistheoretischen, intellektuellen Auffassung des Glaubens. Es kann daher nicht überraschen, dass viele von ihnen – selbst die, die ihr Leben lang gläubige Menschen waren – sich nach allem sehnen, was ihnen helfen könnte, Gott zu erfahren. Darum wachsen ja auch charismatische bzw. pfingstlerische Gemeinden heutzutage am schnellsten. Der Kern dieser Bewegung ist, dass Gottes Geist sowohl in der Welt als auch im Leben der Gläubigen wirkt; deshalb finden Menschen, die Hunger nach Erfahrungen mit Gott haben, in solchen Gemeinden geistliche Erfüllung.

Das erklärt auch, warum mehr und mehr westliche Menschen religiöse Erfahrungen in Religionen außerhalb des Christentums suchen. Sie haben nur die theoretische Seite des Christentums kennengelernt – oder von ihr gehört – und empfinden sie als formal, langweilig und bedeutungslos für ihr Leben. Eine New Age- Lehre oder ein Guru propagiert dagegen in erster Linie ein religiöses Erleben statt eine Lehre über Gott. Postmoderne und andere Menschen hungern nach direktem Kontakt mit dem Göttlichen.

Ist das Suchen nach Gott legitim?

Dürfen wir uns von ganzem Herzen danach sehnen und bewusst danach streben, Gott wirklich zu erleben? Oder ist das nur ein oberflächlicher Hunger nach einem aufregenden Erlebnis – oder vielleicht der unbewusste Versuch, ernsthaftem Nachdenken aus dem Weg zu gehen? Wie ich schon sagte: Geistlicher Hunger ist ein universales Phänomen. Ist es legitim zu versuchen, ihn zu stillen?

Ich werfe diese Frage hier auf, weil viele Leute sie mir in unterschiedlicher Form gestellt haben. „Sollten wir nicht einfach blind glauben und nicht versuchen, Gott zu erleben?", fragen sie. Manche gehen sogar noch weiter und behaupten: Der Wunsch nach einer Erfahrung mit Gott sei der Wunsch eines unreifen Gläubigen, der etwas nicht akzeptieren kann, was er nicht erlebt hat.

Meiner Ansicht nach ist das Bestreben, Gemeinschaft mit Gott zu erleben, weder verkehrt noch ein Zeichen mangelnder Reife; im Gegenteil: Gott möchte sogar, dass wir danach streben.

Für Christen ist es das Beste, solche Fragen aufgrund der biblischen Berichte zu beantworten. Begegneten die Menschen der Bibel Gott? War es ihr Wunsch, ihm nahe zu sein? Wandelten und redeten sie mit ihm? Pflegten sie Umgang mit ihm? Die Antworten sind ein lautes „Ja!" Der sorgfältige Bibelleser staunt und die Menschen unseres Kulturkreises sind fast schockiert, wenn sie hören, wie häufig Gott mit den Menschen der Bibel direkt kommunizierte.

Als wir als Missionare in die Bergregion im Norden Thailands kamen, war einer der ersten kulturell-religiösen Unterschiede, die wir wahrnahmen, dass die Leute fest mit Gottes Eingreifen rechneten. Sie sahen Gott oder den Bösen im täglichen Leben wirken. Ich merkte, dass ich – der ich diese Menschen den christlichen Glauben lehren sollte – mir der Gegenwart und des Handelns Gottes keineswegs so sicher war wie die, die angeblich meiner Belehrung bedurften. Ich musste einsehen, dass sie den „Heiligen" der Bibel deutlich ähnlicher waren als ich. Zwar konnte ich ihnen nicht in allem zustimmen, aber es war hilfreich für mich zu erleben, dass sie – in Übereinstimmung mit dem Zeugnis der Bibel – glaubten: Gott handelt auch heute und kann erlebt werden.

Ich könnte dieses Thema noch weiter ausführen, denke aber, dass das Gesagte genügt, um etwas ganz Wichtiges zu verdeutlichen: Die ganze Bibel geht davon aus, dass zu einem echten Glauben die Erfahrung der Gegenwart Gottes gehört. Der israelitische und der christliche Glaube waren und sind keine auf Ideen gegründete Philosophie, sondern eine Religion, die auf ständiger Interaktion zwischen Gott und den Menschen beruht. Wenn es nicht so wäre, dass Gott eine reale Beziehung zu seinem Volk herstellt, dann wäre irgendetwas nicht in Ordnung.

Das beiderseitige Verlangen

Der Hunger nach Gott darf weder geleugnet oder abgestritten noch geringgeachtet oder gar unterdrückt werden. Gott hat ihn in uns hineingelegt, damit er ernst genommen, wertgeschätzt und gestillt wird. Er wollte, dass uns dieser Hunger nach ihm fragen, ihn suchen lässt und uns auf eine Pilgerreise führt, auf der wir ihn tatsächlich finden und überrascht feststellen: Lange bevor wir anfingen, nach ihm zu suchen, hat er schon nach uns Ausschau gehalten!

Oder wie Thad Rutter es so schön formulierte: Wir entdecken das „beiderseitige Verlangen".[7] Zuerst lernen wir, dass wir selbst eine Sehnsucht haben – einen starken Hunger nach Gott und der Erfahrung seiner Gegenwart und seines Wirkens. Aber wenn wir anfangen, diesem Verlangen nachzugehen, entdecken wir ein noch stärkeres Verlangen: Auch Gott sehnt sich mit allen Fasern seines

[7] Thad Rutter, *Where the Heart Longs to Go,* Upper Room Books, Nashville (Tennessee) 1998, S. 17ff.

Herzens nach uns. Und wenn wir diesem Gedanken nachgehen, wird unser Verlangen nach ihm noch stärker und unsere Gemeinschaft mit ihm noch intensiver.

Unser Enkel Noah hat mir zu einem tieferen Verständnis dieses „beiderseitigen Verlangens" verholfen. Unser Sohn lebte mit seiner Familie eine Zeitlang in unseren Räumen im Kellergeschoss. Jeden Morgen, wenn der 3-jährige Noah wach wurde, kam er die Treppe herauf und rief: „Opa, Opa, wo bist du? Ich hab' dich heute noch nicht gesehen." Gewöhnlich war ich in meinem Arbeitszimmer. Wir redeten miteinander und spielten eine Weile zusammen, bevor ich zu meiner Arbeit ging. Ich gestehe, dass ich sogar mehrfach in meinem Büro angerufen und gesagt habe, ich würde etwas später kommen, weil ich noch zu Hause gebraucht würde. Das waren die Tage, an denen Noah länger schlief als sonst und ich meinte, ich könnte mich den Anforderungen des Tages nicht ohne die gemeinsame Zeit mit Noah stellen. Mein eigener Wunsch, mit ihm zusammen zu sein, war größer, als sein Verlangen, mich zu sehen.

Ich habe nur eine schwache Vorstellung davon, wie sehr sich Gott, unser himmlischer Vater, danach sehnt, unsere Stimme zu hören, die nach ihm ruft und wie Noah fragt: „Vater, Vater, wo bist du? Ich habe dich heute noch nicht gesehen." Das ist das von Gott gewollte „beiderseitige Verlangen".

Zusammenfassung

Die einzige Möglichkeit, den geistlichen Hunger der Menschen unserer Zeit zu stillen, besteht darin, den Weg zu gehen, den uns das „beiderseitige Verlangen" weist. Davon handelt dieses Buch. Es lädt dich ein, die Gemeinschaft mit Gott zu suchen, in der deine Sehnsucht nach ihm Erfüllung findet und du dich in seinem Verlangen nach Gemeinschaft mit dir wohlfühlen kannst. Wenn das Wirklichkeit wird, ergibt sich alles andere, was den wahren Glauben ausmacht, von selbst. Aber wenn diese Gemeinschaft mit Gott fehlt, sind alle anderen religiösen Übungen und Gebräuche bedeutungslos!!

Und nun begib dich bitte mit mir auf die geistliche Reise.

Teil II

Die Kerndisziplinen der Gemeinschaft mit Gott

Kapitel 2

Anbeten: das Tor zur Gemeinschaft mit Gott

„Ich muss mehr anbeten – dann fühle ich mich Gott näher."

„Ich habe gelernt, mit großer Freude und demütiger Bewunderung vor Gott zu treten."

Geistliche Mitpilger

Den wahren Geist der christlichen Disziplinen spürte ich zum ersten Mal durch Anbetung. Ich erlebte einen von Studenten geleiteten Gottesdienst in der abgedunkelten Kapelle eines adventistischen Colleges. Drei Frauen sangen das Lied „I love You, Lord." Ihre Gesichter spiegelten wider, was sie tief im Inneren empfanden und mit dem Lied zum Ausdruck brachten: „Ich liebe dich, Herr, und ich erhebe meine Stimme, um dich anzubeten; oh, meine Seele, juble!" Die Freude, die sie in ihrer Hingabe zum Ausdruck brachten, berührte mich; alles machte auf einmal Sinn. Anbetung war für mich plötzlich mehr als eine Liturgie oder ein Gottesdienstprogramm und der Gesang mehr als die Einleitung dazu. Diese drei jungen Frauen brachten ihre Liebe zu Gott und ihre Hingabe an ihn zum Ausdruck und luden uns ein, es ihnen gleichzutun.

Dieser Akt der Liebe und Hingabe muss das Herzstück des geistlichen Lebens sein. Was mein Herz an jenem Abend gelernt hat, wurde zum Gegenstand meines Nachdenkens. Ich gewann die Überzeugung, dass Anbetung für die Gemeinde Christi oberste Priorität haben muss. Anbetung ist das, wozu Gott uns heute in allererster Linie aufruft. Sie ist die Grundlage für alles andere, was er in unserem Leben tun will!

Für viele konservative Christen stehen Evangelisation und Mission im Mittelpunkt des Gemeindelebens. John Piper macht jedoch deutlich, dass es noch etwas Wichtigeres gibt: „Das eigentliche Ziel der Kirche ist nicht missionarisches Wirken, sondern Anbetung. Mission gibt es doch nur, weil nicht alle Menschen Gott anbeten. Anbetung ist das Höchste, nicht Mission, weil Gott der Höchste ist und nicht der Mensch. Wenn die Weltgeschichte zu Ende geht und die unzählbaren Millionen Erlösten vor Gottes Thron auf ihr Antlitz fallen, wird es keine Mission mehr geben. Mission ist eine vorübergehende Notwendigkeit – Anbetung aber bleibt in Ewigkeit. Sie ist daher die Kraftquelle und das Ziel der Mission."[1]

Anbetung in der Bibel

Gottvater und Jesus Christus anzubeten ist nicht deshalb von zentraler Bedeutung, weil Jon Dybdahl es meint oder John Piper es schreibt, sondern weil die Bibel sie in den Mittelpunkt stellt. Anbetung ist die vorherrschende Aktivität im Leben der Gläubigen und die natürliche Reaktion auf die Offenbarung der ehrfurchtgebietenden Größe und der Liebe des Schöpfers des Universums. Auch wenn manchmal das, was die Bibel beschreibt, nicht sofort als Anbetung erkennbar ist, gibt sie uns mindestens 400 Beispiele dafür.

Wichtiger als diese Anzahl ist jedoch die Tatsache, dass der Aufruf zur Anbetung das grundlegende Gebot ist, das uns in der Heiligen Schrift begegnet (siehe 5 Mo 6,13; 10,20 *Septuaginta;* Ps 95,6; Mt 4,10; Offb 14,7) Als ein Schriftgelehrter Jesus fragte: „Welches ist das höchste Gebot im Gesetz?", erhielt er eine klare Antwort: „Du sollst den Herrn, deinen Gott, lieben von ganzem Herzen, mit ganzer Hingabe und mit deinem ganzen Verstand! Das ist das erste und wichtigste Gebot. Ebenso wichtig ist aber das zweite: Liebe deinen Mitmenschen wie dich selbst!" In diesen beiden Geboten, erklärt Jesus weiter, sei die ganze Heilige Schrift enthalten (Mt 22,34–40 Hfa), denn „das Gesetz" und „die Propheten" bezeichneten zwei der drei Hauptabschnitte des Alten Testamentes.

[1] John Piper, *Let the Nations Be Glad! The Supremacy of God in Mission,* Baker Book House, Grand Rapids, 1993, S. 11.

Was bedeutet es, Gott zu lieben? Ich habe Christen sagen hören, die Liebe zu Gott zeige sich in der Liebe zu Menschen. Aber das kann nicht die ganze Antwort sein, weil sie das erste Gebot in das zweite umwandelt. Zwar muss sich die Liebe zu Gott auch in der Liebe zum Nächsten zeigen (1 Joh 4,20), aber mehr sein als das.

Die Bibel macht klar: Liebe zu Gott zeigt sich in der Anbetung und im Gehorsam gegenüber seinen Geboten (siehe 1 Joh 5,3). Die beiden herausragenden Taten Gottes im Alten Testament sind die Schöpfung und die Befreiung Israels aus der Knechtschaft in Ägypten; beide demonstrieren, dass Gott die Welt liebt und an ihr Anteil nimmt, und beide sind Grund für Dank und Anbetung. Weil Gott uns erschaffen und erlöst hat, sollten wir ihn anbeten und unsere Nächsten lieben, die auch von Gott geliebt werden. Kein Wunder, dass Jesus erklärte, an diesen beiden Geboten „hänge" das ganze Alte Testament. Der Ausgangspunkt ist jedoch immer die Anbetung als Antwort auf Gottes Schöpfung und Erlösung und auf seine Wohltaten in unserem Leben. Von ganzem Herzen und mit ganzer Hingabe sollen wir ihn lieben und anbeten.

Die zentrale Bedeutung der Anbetung wird auch erkennbar, wenn wir einen Blick auf die Zehn Gebote werfen, die Gott in Tafeln aus Stein eingraviert hat. Die „zehn Worte" oder Gebote bildeten das Herzstück des Bundes, den Gott mit Israel schloss (siehe 5 Mo 4,13), und deren Übertretung mit dem Tode bestraft wurde (siehe 3 Mo 20). Das Christentum hat sie traditionell laut oben angeführter Aussage Jesu mit den beiden grundlegenden Geboten in Verbindung gebracht, die zur Liebe auffordern. Die ersten vier sprechen von der Liebe zu Gott, die anderen sechs, die uns ermahnen, nicht zu morden, keinen Ehebruch zu begehen, nicht zu stehlen oder zu lügen, beschreiben die Liebe zum Nächsten (siehe Röm 12,8–10).

Bei näherem Hinsehen erkennen wir, dass die ersten vier Gebote alle mit Anbetung zu tun haben (2 Mo 20,3–8.11). Sie gewährleisten, dass der Gott Israels angebetet wird. Aber nicht nur das; im Vorwort wird auch gesagt, warum Gott angebetet werden soll: *Jahwe*, ihr Gott, hat das Volk aus der Knechtschaft in Ägypten befreit (V. 2). Jeder Aufruf zu wahrer Anbetung beruht auf der überzeugenden Kraft der Wahrheit des erlösenden Handelns Gottes.

Das erste Gebot lautet: „Du sollst keine anderen Götter haben neben mir.“ (V. 3) In einer Welt, die eine Vielzahl von Göttern hatte und in der der Polytheismus vorherrschte, forderte Gott die Israeliten auf, nur den Erlösergott *Jahwe* zu haben und anzubeten. Das Gebot verneint weder direkt noch indirekt die Existenz anderer Gottheiten, sondern sagt lediglich, dass wir sie nicht anbeten sollen. Sie sind es nicht wert, angebetet zu werden. Anbetung gebührt allein dem Erlöser-Gott, dem Befreier aus Ägypten (vgl. Ps 106).

Das zweite Gebot verbietet es, Götzenbilder anzufertigen und sie anzubeten (2 Mo 20,4.5). Da die Anbetung von Götzen schon durch das erste Gebot ausgeschlossen ist, dürfte es im zweiten Gebot vor allem darum gehen, dass keine Abbilder des wahren Gottes angefertigt und benutzt werden sollen. Israel sollte die Anbetungsmethoden ihrer Nachbarvölker meiden. Götterbilder verkleinern Gott, indem sie ihn darstellen und lokalisieren. Aber Gott ist viel zu groß und umfassend, um auf ein von Menschen gemachtes Bildnis beschränkt zu werden. Er kann an jedem Ort zu jeder Zeit angebetet werden ohne Abhängigkeit von einer materiellen Darstellung.

Das dritte Gebot verbietet, den Namen des Herrn zu „missbrauchen“ bzw. „zu Nichtigem auszusprechen“ (V. 7 EB). Traditionell haben viele Christen dieses Verbot so interpretiert, dass sie nicht schwören und Gott nicht lästern sollen. Andere meinen, das Gebot verbiete es, den Namen Gottes zu gebrauchen, um jemanden zu verfluchen oder ihn im Zorn zu beschimpfen. Aber das wäre ohnehin keinem Israeliten, dem sein Leben lieb war, je in den Sinn gekommen. Später war dem Volk Israel Gottes Name sogar so heilig, dass sie ihn nicht aussprechen durften, selbst wenn sie ihn anbeteten. Das dritte Gebot spricht vielmehr vom Benutzen des Namens Gottes, um seinen Worten mehr Nachdruck zu verleihen; zum Beispiel bei Versprechen oder Eiden wie: „Ich schwöre bei dem Namen des Allerhöchsten, dass ich dein … nicht gestohlen habe.“ Den Namen Gottes anzurufen, um unseren eigenen Worten mehr Nachdruck zu verleihen – unabhängig davon, ob sie wahr sind oder nicht – ist eine Respektlosigkeit gegenüber Gott. Diesen Gedanken brachte auch Jesus in der Bergpredigt zum Ausdruck: „Ich sage euch aber: Schwört überhaupt nicht! … Sag einfach ‚Ja‘ oder ‚Nein‘.“ (Mt 5,34–

37 Hfa) Wenn wir Gott benutzen, um unsere Machenschaften zu unterstützen, erweisen wir ihm keine wahre Anbetung.

Das vierte Gebot fordert dazu auf, den Sabbat zu heiligen, weil Gott der Schöpfer und der Befreier aus der Knechtschaft ist (siehe 2 Mo 20,8–11; 5. Mose 5,12–15). Das Gebot setzt eine Zeit fest, in der wir speziell an ihn denken sollen. Liebe braucht Gelegenheiten, sich zu erinnern; auch das gehört zur Anbetung. Das vierte Gebot wacht über solche Zeiten der Besinnung und Anbetung.

Anbetung ist aber nicht nur im Leben der Gläubigen von zentraler Bedeutung und das Herzstück unserer Antwort auf die Taten Gottes, sondern sie spielt auch im Himmel eine herausragende Rolle. In der Offenbarung wird die Welt Gottes sehr anschaulich als ein Ort geschildert, wo der Lobpreis großen Raum einnimmt. Die „vier Gestalten", die „24 Ältesten" und eine unzählbare Schar von Engeln loben Gott (siehe Offb 4,6–11; 5,8–12). Und auch alle anderen Geschöpfe stimmen in diesen Lobgesang ein, „alle, die im Himmel und auf der Erde leben, die Toten unter der Erde, wie die Geschöpfe des Meeres" (V. 13 Hfa). Für den erlösten Gläubigen ist es eine Freude, Gott in den Höfen des Himmels mit „lauter Stimme" zu lobpreisen (Offb 7,9.10 EB).

Warum bezeichnet die Bibel die Anbetung als von zentraler Bedeutung für das Leben der Menschen? Warum fordert sie uns dazu auf, sie sorgfältig zu bewahren? Warum beten die Geschöpfe Gottes ihn an – nicht nur hier auf Erden, sondern auch im Himmel?

Die Antwort ist einfach: Weil rechte Anbetung zeigt, dass wir verstanden haben: Gottes Gnade ist ein Geschenk. Wenn wir etwas verdient haben, beten wir den Geber nicht an; was wir bekommen, haben wir uns ja *verdient*. Wenn ich mein Gehalt bekomme, bete ich den, der es mir zukommen lässt, nicht an; schließlich habe ich für das Geld gearbeitet. Wenn der Buchhalter den Betrag überweist, tut er nur seine Pflicht. Anbetung ist so wichtig, weil sie unsere Reaktion auf etwas *Unverdientes* veranschaulicht. Gott befreite die Israeliten aus Ägypten nicht, weil sie es verdient hatten. Auch uns hat er nicht deshalb von Sünde erlöst, weil wir so gut sind. Wir haben die Gnade, die wir empfangen haben, überhaupt nicht verdient, und wir haben nichts, womit wir sie vergelten könnten. Die einzige passende Reaktion ist, den Geber anzubeten, indem wir die gewaltige Liebe und Gnade, die wir empfangen haben, erkennen und sichtbar anerkennen. Nicht anzubeten hieße, die Gnade – das Herzstück christlichen Glaubens – falsch zu verstehen oder zu ignorieren.

Was Anbetung ist (und was sie nicht ist)

Anbetung ist in erster Linie die *Reaktion* auf Gottes Handeln oder Gegenwart. Anbetung sieht Gott als unseren vorrangigen Zuhörer, von dem wir glauben, dass er es wahrnimmt, wenn wir ihn loben und preisen. Anbetung kann ganz persönlich im Verborgenen geschehen, findet aber oft auch in Gemeinschaft mit Anderen statt, wenn Gruppen von Gläubigen vor Gott freudig versammelt sind.

Zweitens ist Anbetung eine *ganzheitliche* Reaktion, die unser ganzes Wesen umfasst. Jesus fordert uns auf: „Du sollst den Herrn, deinen Gott, lieben aus deinem ganzen *Herzen* und aus deiner ganzen *Seele* und aus deinem ganzen *Verstand* und aus deiner ganzen *Kraft*!" (Mk 12,30 EB). Das schließt auch den Körper mit ein. Anbetung ist mehr als ein gedanklicher Prozess. Mit allem, was wir sind, nehmen wir an ihr teil – mit unserem Körper, Denken, Wollen und Fühlen.

Drittens findet in der Anbetung eine echte *Wechselwirkung zwischen Gott und den Menschen* statt: Gott sieht unsere Anbetung und antwortet darauf, und der Anbeter weiß, dass Gott da ist und fühlt sich in seiner Gegenwart wohl. So wie wir gern in der Gesellschaft von Menschen sind, die uns schätzen und lieben, so ist Gott gern da, wo er angebetet wird. Dabei wird wahre Anbetung zu einem Prozess, der sich selbst verstärkt: Wenn wir anfangen, Gott zu preisen, und der Austausch beginnt, ist er im Gottesdienst gegenwärtig und spürbar und das intensiviert unsere Anbetung weiter. Solche Art Anbetung ist etwas völlig anderes als das, was man in den formalen Gottesdiensten vieler Gemeinden vorfindet.

„Anbetung" wird heute Vieles genannt, was keine wahre Anbetung ist. Aus meiner Sicht gibt es mindestens vier falsche Modelle der Anbetung, die auch vermischt auftreten. Das erste falsche Modell ist das einer *Schule*. Es betrachtet Anbetung als einen Lernprozess. Persönliche oder gemeinsame Andacht wird danach beurteilt, was wir dabei lernen. Der Gemeinderaum wird zum Hörsaal und das persönliche Bibelstudium zur Hausaufgabe. Es ist ohne Frage wichtig, aber es ist keine Anbetung; vielmehr kann es auf die Anbetung einstimmen. Rechte Erkenntnis Gottes führt zu Anbetung. Bibelstudium sollte die Anbetung noch inbrünstiger und wertvoller machen.

Das zweite falsche Modell der Anbetung ist das einer *evangelischen* *Veranstaltung*. Sünder werden dazu eingeladen, Jesus anzunehmen. Die persönliche Andacht soll zur Bekehrung führen oder dazu vorbereiten, mit Anderen über den Glauben zu sprechen. Auch hier gilt: Evangelisation ist notwendig und gut, aber sie ist keine Anbetung. Sie sollte die *Folge* davon sein. Die Begegnung mit Gott in der Anbetung sollte uns inspirieren und bevollmächtigen, Andere einzuladen, die Freude der Erlösung selbst zu erleben.

Das dritte falsche Modell ist die *Couch des Psychologen*. Dieser Ansatz sieht in Gottesdienst oder Anbetung eine Gelegenheit für Gott, auf die emotionalen und psychischen Bedürfnisse des Menschen einzugehen. Die Predigt wird zu einer Art Massenberatung und das persönliche Gebet zur therapeutischen Selbsthilfe. Zweifellos vermag wahrer Glaube Menschen emotional zu heilen; aber wenn das das Anliegen der Anbetung ist, stimmt etwas nicht. Ich glaube, dass emotionale Heilung oft das Ergebnis von Anbetung ist. Wenn wir uns zu unserer Unwürdigkeit bekennen und in der Anbetung Gottes seine Gnade feiern, werden wir gesegnet; aber das ist dann ihre Frucht, nicht ihr eigentliches Wesen. Diese drei falschen Modelle können sowohl gemeinsam als auch einzeln auftreten.

Das vierte falsche Modell betrachtet Anbetung als eine Art *Zuschauersport*. Gemeinsam mit Anderen anzubeten heißt für viele: Zuschauen, was die Amtsträger machen und es bewerten. Machen sie ihre Sache gut, klatschen wir Beifall; wenn nicht, kritisieren wir sie. Schließlich bezahlen wir Pastoren dafür, dass sie ihre Arbeit gut machen. Ein solches Modell ist ein tragischer Irrtum. An einem gemeinsamen Gottesdienst sollen *alle* aktiv teilnehmen und nicht bloß Zuschauer sein. Aus meiner Sicht findet Anbetung nur dann statt, wenn ich selbst daran teilnehme und mich aktiv beteilige.

Gott ruft uns – persönlich und als ganze Gemeinde – auf, zu wahrer Anbetung zurückzukehren. Sie sollte für uns die oberste Priorität haben.

Im folgenden Abschnitt möchte ich erläutern, was die Bibel über Anbetung lehrt, und dann einige praktische Hinweise geben, wie wir unsere persönliche Anbetung revolutionieren und Gottes Mitarbeiter werden können bei der Erneuerung der Anbetung in seinem korporativen Leib – der Gemeinde.

Was die Bibel über Anbetung sagt

Die Bibel benutzt viele verschiedene Worte in Bezug auf Anbetung; wahrscheinlich sind es sogar mehr als für irgendeinen anderen Bereich. Die deutsche Sprache wird dem kaum gerecht. Zu den verwendeten Begriffen gehören: „rühmen", „ehren", „preisen" (dafür gibt es vier hebräische Worte), „Ehrerbietung erweisen", „verherrlichen", „sich niederwerfen", „fürchten", „segnen", „erheben", „verehren", „Dank sagen" und noch weitere. Die menschliche Sprache reicht nicht aus, wenn es darum geht, die Anbetungswürdigkeit Gottes zum Ausdruck zu bringen.

Das häufigste Wort für Anbetung im Alten Testament ist das Verb *sachah*. Es kommt mehr als 150 Mal vor; seine Grundbedeutung ist *niederfallen, sich tief zur Erde beugen* oder *huldigen*. Das entsprechende griechische Wort ist *proskyneō*; es ist abgeleitet von einem Begriff, der wörtlich *zu jemandem hinküssen* bedeutet. Wenn die Leute einem Höherstehenden Ehrerbietung erweisen wollten, beugten sie sich meist oder warfen sich nieder und küssten die Erde oder den zum Kuss hingehaltenen Fuß, die Hand, den Ring oder das Szepter. In neutestamentlicher Zeit wurde das Wort nur noch gebraucht, wenn der Gegenstand der Verehrung göttlicher Natur oder vermeintlich göttlicher Natur war.[2]

Die Wichtigkeit dieser Wortbedeutung liegt in der Tatsache, dass in der Bibel die Grundbedeutung von *anbeten* eine körperliche Handlung ist. Für die Israeliten, deren Weltanschauung geistige

[2] Siehe Gerhard Friedrich, Hg., *Theologisches Wörterbuch zum Neuen Testament*, Stuttgart 1959, Bd. VI, S. 759–767.

Vorgänge eng mit körperlichen Reaktionen verband, schloss Anbetung ein geistiges Erstaunen über Gott und eine entsprechende körperliche Reaktion ein, wie Psalm 95 zeigt: „Kommt, verneigt euch, werft euch nieder, geht auf die Knie und betet ihn an, ihn, den Herrn, unseren Schöpfer!" (V. 6 GNB) Körper und Geist gehen auch in der Anbetung Hand in Hand und beeinflussen einander.

Insbesondere die Psalmen bringen Anbetung mit zahlreichen Tätigkeiten in Verbindung: singen, laut rufen, die Hände erheben, das Haupt erheben, stehen, sich beugen, niederknien, sich niederwerfen, Opfer darbringen, in die Händen klatschen, tanzen und Musikinstrumente spielen. Anbetung soll gewiss kein Zuschauersport sein, bei dem nur der Geist in Aktion ist; vielmehr soll sie den ganzen Menschen in eine sichtbare Antwort an Gott einbeziehen.

Als ich anfing, dieses Thema zu studieren, wurde mir bewusst, dass ich mich in meinem ganzen Leben noch nie vor irgendjemandem niedergeworfen habe. Eines Morgens, als ich allein in meinem Arbeitszimmer war, fiel ich auf mein Angesicht und streckte beide Arme in Ehrfurcht vor Gott aus. In mir geschah etwas. Ich fühlte mich innerlich zerbrechen – in einer Weise, wie ich es nie zuvor erlebt hatte. Ich bin seitdem nicht mehr derselbe. Fast jeden Morgen beuge ich mich jetzt zu Beginn meiner Andachtszeit vor dem König der Könige bis zur Erde nieder. Das hilft mir, mein Leben aus der richtigen Perspektive zu sehen. Eindrucksvoller als auf irgendeine andere Weise erkenne ich dabei jedes Mal neu, wer Gott ist und wer ich bin. Manchmal verharre ich eine Weile in dieser Position, damit mein Geist zu begreifen beginnt, was mein Körper ihn über Anbetung lehrt und wie er zum Ausdruck bringt, wer Gott ist.

Viele Christen – insbesondere konservative, die sich stark an der Lehre orientieren – müssen lernen, dass Anbetung nicht etwas rein Rationales und Kognitives ist. Oft sehen sie in der Anbetung eine Lehre, der sie glauben sollen, statt einer Begegnung, die sie erleben können. Natürlich ist auch der Verstand an der Anbetung beteiligt – schließlich muss der Anbeter wissen, *wen* er anbetet und *warum* er Gott sucht. Aber wenn sich unsere Anbetung darin erschöpft, entgeht uns etwas ganz Wesentliches. Begeisterung, Emotionen, Gefühle und Leidenschaft gehören ebenfalls zur Anbetung, weil der ganze Mensch an ihr teilnehmen soll. Jesus erklärte, dass wahre Anbeter Gott „im Geist und in der Wahrheit" anbeten müssen (Joh 4,23.24 EB). Manche christlichen Traditionen legen zwar großen Wert auf die Wahrheit, aber es mangelt ihnen an Heiligem Geist. In anderen Formen der Anbetung stehen der Geist und die Emotionen im Vordergrund – und zwar auf Kosten der Wahrheit, die in Vergessenheit gerät oder ignoriert wird. Jesus möchte aber, dass wir beide zur Geltung kommen lassen, wenn wir unsere Liebe und Verehrung Gott gegenüber zum Ausdruck bringen.

Gemeinsame Anbetung sollte nicht nur den ganzen Menschen beteiligen, sondern er muss auch aktiv an ihr *teilnehmen*. Gottesdienste, in denen bloß etwas vom Podium dargeboten wird, verfehlen das Ziel. Nicht die versammelten Gläubigen sind das Publikum, sondern Gott – Vater, Sohn und Heiliger Geist – und die Engel. Deshalb müssen alle Anwesenden aktiv an der Anbetung teilnehmen. Eigentlich sind die Gottesdienst- und Musikleiter nicht Leiter der Anbetung, sondern Vorbilder der Anbetung. Um wahre Anbeter sein zu können, müssen zum Beispiel die Sänger und Musiker nicht nur musikalische Fähigkeiten haben, sondern auch das aufrichtige Verlangen, Gott anzubeten. Dasselbe gilt für die Gottesdienstleiter. Sie stellen Anbetung vorbildhaft dar und laden die versammelten Kinder Gottes ein, sich ganz an ihrer Anbetung zu beteiligen.

Die Einsicht, dass Anbetung ganzheitlicher Natur ist und alle Anwesenden einschließt, beantwortet auch die Frage, welche Rolle die Musik bei der Anbetung spielt. Weil Musik uns stärker berührt, als Worte es tun, ist sie wichtig. Recht eingesetzt bezieht die Musik die Anwesenden mit ein.

In vielen Kirchen und Gemeinden ist es in den letzten Jahren zu erheblichem Streit um Musik und unterschiedliche Formen der Anbetung gekommen. Es wurde heftig darüber diskutiert, ob bestimmte Arten von Musik angemessen sind. Oft war es ein Konflikt zwischen den Generationen.

Ich behaupte nicht, auf alle Fragen eine Antwort zu haben, aber einige Hinweise können vielleicht weiterhelfen. Es ist tragisch, wenn Auseinandersetzungen über die Musik die Anbetung verhindern. Wir müssen uns immer fragen: Ist das, was wir hier im

Gottesdienst machen, wahre Anbetung? Begegnen die Anwesenden dabei Gott? Werden sie durch die Anbetung verändert? Wenn das der Fall zu sein scheint, dann erfüllt die Musik ihre rechte Rolle.

Welche Musik wir mögen und bevorzugen, unterliegt kulturellen Einflüssen und ist auch altersabhängig. Was meine Kinder begeistert, muss nicht auch mich berühren – und umgekehrt. Was einen Afrikaner Gott nahebringt, bewirkt in mir vielleicht überhaupt nichts. Wir müssen uns davor hüten, nur nach dem zu urteilen, was *wir* für richtig halten. Gott kann uns seine Wahrheit auf ganz verschiedenen Wegen vermitteln. Hauptsächlich unsere Vergangenheit beeinflusst, wie verschiedene Musikstile auf uns wirken. Wir müssen es lernen zu akzeptieren, dass andere Menschen auf dieselbe Musik anders reagieren als wir. Der Streit um die Art der Lieder und der Musik darf nie dazu führen, dass wir dieses gottgegebene Mittel der Anbetung nicht mehr nutzen.

Ich hoffe, dass dieses Kapitel dazu beiträgt, uns die zentrale Bedeutung der Anbetung persönlich und als Gemeinde wieder bewusstzumachen. Der Gottesdienst nimmt allzu leicht den Charakter einer Unterrichtsstunde an, in deren Mittelpunkt eine belehrende Predigt steht. Aber Gottesdienste müssen auch die Anbetung zum Inhalt haben. Die anwesenden Gläubigen müssen bewusst anbeten und der Gottesdienstleiter muss sie gezielt dazu anleiten. Auch die Predigt muss in den Hörern den Wunsch wecken anzubeten – Gott zu loben für das, was er für uns getan hat, Ehrfurcht zu bekunden angesichts seines Wesens und seiner Werke und Abscheu zu empfinden vor unserem Eigensinn und unserer Lieblosigkeit.

Viele Christen lesen in ihrer persönlichen Andacht inspirierende Literatur oder studieren die Bibel. Daran ist auch nichts verkehrt; aber es entspricht wieder dem Modell verstandesmäßigen Lernens wie in einer Schule mit Hausaufgaben. Herzstück der Andacht sollte jedoch Anbetung sein. Sogar das Bibelstudium soll zur Anbetung hinführen. Sich niederzuwerfen, Gott mit erhobenen Händen und von ganzem Herzen zu loben, vielleicht ein Lied zu hören, darauf zu antworten und mitzusingen oder selbst auf einem Instrument zu spielen – all das ist Anbetung und wahre Andacht und nicht nur Einleitung dazu.

Viele, die einen Gottesdienst leiten sollen, können diese Aufgabe gar nicht erfüllen, weil sie sich selbst nicht durch persönliche Anbetung darauf vorbereitet haben. Auch für viele Anwesende ist gemeinsame Anbetung eine Herausforderung, weil auch sie zu Hause nicht Gott angebetet haben.

Wer dagegen seine eigene Andachtspraxis neu gestaltet hat, entdeckt auch in der gemeinschaftlichen Anbetung neues Leben, obwohl sich am Ablauf des Gottesdienstes nichts geändert hat. Zusammen mit Anderen im Geist und in der Wahrheit anzubeten ist für ihn jetzt etwas Ergreifendes, zu dem er sich hingezogen fühlt und das ihn motiviert, seinen Glauben auch Anderen zu bezeugen. Wenn du in einen Raum kommst, in dem Menschen sind, die ein Herz für Gott haben und Gemeinschaft mit ihm suchen, spürst du das und möchtest daran teilnehmen. Viele Gemeinden sind nicht missionarisch tätig, weil es in ihnen keine wahre Anbetung gibt; ihre Wahrnehmung der Gegenwart Gottes ist nur noch eine ferne Erinnerung, aber keine aktuelle Erfahrung mehr.

Einige praktische Schritte

Wie kann man wahre Anbetung verstehen und selbst erfahren? Wie kann jemand sie kennenlernen, der wahre Anbetung noch nie erlebt hat? Hier einige Vorschläge:

1. Denke über die Gnade, Liebe und Ehrfurcht gebietende Größe Gottes nach und strebe danach, sie neu zu erleben.

Alle wahre Anbetung wurzelt in dem Bewusstsein, wer und wie Gott ist; das wiederum lässt uns erkennen, wer wir sind. Die Erfahrung des Propheten Jesaja ist ein Beispiel dafür. Seine Vision der Heiligkeit Gottes und seiner Ehrfurcht gebietenden Größe drängte ihn dazu, Gott anzubeten, und ließ ihn seine eigene Unreinheit mit erschütternder Deutlichkeit erkennen. Dann wurde ihm Gottes Vergebung und Reinigung zugesichert und ihm von Gott ein Auftrag erteilt (siehe Jes 6,1–8).

Ein solches Gotteserlebnis hat nichts mit einer Lehre oder Theologie zu tun, sondern ist eine Erfahrung, die die ganze Person erfasst und alles berührt, was wir sind.

2. Fang an, dir bewusst Zeit dafür zu nehmen, Gott anzubeten und auf die Erfahrung seiner Gegenwart zu reagieren.

Westliche Menschen tun das wohl am besten für sich allein. Knie nieder und danke Gott für seine Güte. Sing ein Lied oder schreibe ein Gedicht – als Dankopfer für das, was er für dich getan hat. Beuge beim Anblick eines Sonnenauf- oder -unterganges dein Haupt in Ehrfurcht. Erhebe deine Hände und weihe ihm dein Leben. Preise ihn mit lauter Stimme. Tue, was dir spontan in den Sinn kommt – als Antwort auf seine Gegenwart.

Und denke daran: All das ist keine Einleitung zu etwas anderem, das erst noch kommt. Du erlebst vielmehr das Wesentliche, das im Mittelpunkt des Lebens eines gläubigen Menschen stehen soll. Lass deine Freude, dein Staunen über Gott und deine Dankbarkeit für seine Erlösung und Hilfe im Lobpreis Ausdruck finden. Gottes Gegenwart wird dich überraschen; deine Reaktion darauf wird wachsen und die Erfahrung seiner Gegenwart sich vertiefen. Mach die Anbetung zu einem wichtigen Teil deiner persönlichen Andacht!

3. Lass diese neue Erfahrung der Anbetung im Verborgenen auch dein Erleben gemeinsamer Anbetung verändern.

Eine Studentin, die sich mit dem Thema Anbetung beschäftigte, berichtete, schon ihr neues Verständnis der Anbetung habe zur Folge gehabt, dass sie die gemeinsame Anbetung ganz anders erlebte als zuvor – obwohl sich an dem Gottesdienst selbst nichts geändert hatte. Weil *sie* sich verändert hatte; erlebte sie auch die Anbetung in der Gruppe anders.

Was kann man tun, um dies zu erleben? Halte inne, bevor du den Gemeindesaal betrittst, und danke Gott für einen Ort, an dem er gepriesen werden kann. Betritt den Saal mit Freude im Herzen und danke Gott, dass er dir eine weitere Woche gnädig war und dich dazu eingeladen hat, ihm nun in besonderer Weise zu begegnen. Bitte ihn, während des Gottesdienstes in dein Herz zu kommen und auch in das der anderen Anwesenden. Betrachte sie als deine Brüder und Schwestern im Herrn und danke ihm für sie. Knie dich für einen Augenblick nieder, bevor du dich hinsetzt, und beginne dann sofort mit der Anbetung. Nimm am Ablauf des Gottesdienstes aufmerksam Anteil; achte auf die Gebete der Anderen und stimme von ganzem Herzen in die Lieder ein. Betrachte das alles als ein Dankopfer, das du Gott darbringst (siehe Ps 50,23a). Du bist nicht hier, um Segen zu *empfangen*, sondern um Segen *weiterzugeben*, denn du bist gekommen um Gott zu segnen[3] und anzubeten und zusammen mit Anderen ein Fest der Anbetung zu feiern.

Nicht alle werden sofort merken, was geschieht, aber auch wenn nur wenige anfangen, deinem Beispiel zu folgen, wird ein neuer Geist in den Gottesdienst einziehen. Er wird eine neue Qualität bekommen, obwohl der formale Ablauf derselbe bleibt; erst nach und nach verändert sich vielleicht auch die Gottesdienstordnung.

Manche meiner Studenten meinen, ein neuer Gottesdienstablauf oder eine andere Art Musik würde auch zu einer Erneuerung der Anbetung führen. Aber das stimmt nicht. Was sich ändern muss, sind Herz und Sinn der Gläubigen. Ein Mensch, der Gott wirklich begegnet, kann gar nicht anders, als ihn anzubeten. Die Gottesdienstordnung und die Musik können wahrer Anbetung zwar den Weg ebnen, aber entscheidend ist, was in den Herzen vorgeht.

Zusammenfassung

Die spontane echte Antwort des Menschen auf Gottes Gegenwart und sein Handeln war und ist Anbetung. Das war zu Beginn der Menschheitsgeschichte so und wird immer so bleiben. Die Offenbarung zeigt die Bewohner des Himmels in ewiger Anbetung (siehe Offb 5). Vieles hat einen Anfang und ein Ende, aber die Anbetung Gottes hört für wahre Gläubige niemals auf. Sollten wir nicht seinen Aufruf beherzigen und schon hier und jetzt mit wahrer Anbetung beginnen? Sie kann für uns eine nie endende Freude sein.

Wenn wir wahrhaft anbeten, fangen wir an, Gott in all seiner Liebe und Herrlichkeit intensiv wahrzunehmen. Der nächste natürliche Schritt ist dann, uns selbst anzuschauen. Jesaja tat es und war überwältigt von der Erkenntnis seiner Sündhaftigkeit und Unwürdigkeit. Das nächste Kapitel soll uns helfen, uns selbst ernsthaft zu prüfen und Gottes Lösung für unsere große Not kennenzulernen.

[3] Siehe den Gebrauch dieses Wortes in 1 Chr 29,10, 2 Chr 31,8 und Neh 8,6; siehe die Anmerkungen in der *Elberfelder Bibel*.

Kapitel 3

Bereuen – Bekennen – Vergeben

„Gott mag Musik, Whirlpools, Zeitschriften, Gebete in demütiger Körperhaltung, Radfahren, heiße Bäder, erhobene Hände und Bibellesen (allerdings nicht so viel, wie im Seminar verlangt wird). Außerdem ist mir klar geworden, dass Gott ehrliche Leute mag."

„Ich habe erkannt, dass mein Handeln meistens sehr selbstsüchtig motiviert ist, und damit meine ich alles, was als fromm oder als böse angesehen werden könnte."

Geistliche Mitpilger

Die Anbetung öffnet den Weg zu den geistlichen Disziplinen (Beten, Nachsinnen, Bibelstudium usw.), weil sie zeigt, wer *Gott* ist. Ebenso notwendig sind Reue, Bekenntnis und Vergebung, denn sie lassen uns erkennen, wer *wir* sind. Die anderen Disziplinen fußen auf diesem Fundament. Wenn jemand keine klare Vorstellung vom Wesen Gottes hat und nicht weiß, in welchem Zustand er sich selbst befindet, können sich die anderen Disziplinen des geistlichen Lebens nicht entwickeln. Anbetung einerseits und Bereuen, Bekennen, Vergeben andererseits bilden ein unverzichtbares Fundament. Wenn du das verstehst und praktizierst, regelt sich alles andere von selbst.

Reue in der Bibel

Reue (ältere Bibelübersetzungen sagen Buße, neuere Umkehr) ist ein Kernanliegen der Verkündigung Jesu und der Apostel. Aufbauend auf den Ruf Johannes des Täufers zur Buße (siehe Mt 3,2; Mk 1,4; Lk 3,3) stellte Jesus in seinen ersten Reden eine ähnliche Aufforderung in den Mittelpunkt. Matthäus, Markus und Lukas bezeugen, dass er Reue zu einem Eckstein seiner Botschaft machte: „Die Zeit ist erfüllt, und das Reich Gottes ist herbeigekommen. Tut Buße und glaubt an das Evangelium!" (Mk 1,15; vgl. Mt 4,17; Lk 5,32; 13,3–5). Auch als er die zwölf Jünger aussandte, sollte das ihre grundlegende Botschaft sein (siehe Mk 6,12). Jesus und seine Jünger heilten Kranke und befreiten Besessene von Dämonen, aber diese Taten sollten die Geheilten zur Reue führen.

Umkehr war auch das zentrale Anliegen der ersten Predigt der Apostel nach der Auferstehung Jesu, die uns überliefert ist (siehe Apg 2,37.38). Umkehr stand im Mittelpunkt der frühen christlichen Lehre (siehe Apg 3,17–20). Paulus verkündigte, dass nach der Auferstehung Jesu Gott „allen Menschen auf der ganzen Welt [befiehlt], zu ihm umzukehren" (Apg 17,30b.31 Hfa).

Schon das Alte Testament sprach von der Notwendigkeit der Reue und Umkehr; besonders deutlich wird das bei den Propheten (siehe Jes 31,6; 59,20; Jer 3,7–14; 18,8; 26,3; Hes 14,6; 18,30–32; 33,11–19). Man übersieht das Element der Reue leicht, weil das Alte Testament meist von *Umkehr* spricht (außer in Jer 8,6), der wörtlichen Übersetzung des hebräischen Wortes *shub*. Gott hat also zu allen Zeiten Menschen dazu aufgerufen, umzukehren oder zu ihm zurückzukehren und sich ihm wieder zuzuwenden.

Was bedeutet es zu *bereuen*? Wie eben erwähnt bedeutet es im Alten Testament, *um-* oder *zurückzukehren*. Das neutestamentliche griechische Wort für *Reue* ist *metanoia, Sinnesänderung*, eine völlige Neuorientierung. Vorher hast du die Dinge aus einem bestimmten Blickwinkel betrachtet, aber jetzt siehst du sie aus einer völlig neuen Perspektive. Du bist in eine bestimmte Richtung gegangen, aber nun kehrst du um und gehst in eine andere Richtung.

Die Notwendigkeit der Reue impliziert, dass das bisherige Denken falsch war. Traditionell nennen Christen diese alte Einstellung *Sünde*; oft haben sie dieses Wort jedoch nicht richtig verstanden. Um zu begreifen, worum es geht, tut man gut daran, zwischen Sünden und Sünde zu unterscheiden. Mit *Sünden* ist Fehlverhalten gemeint wie zum Beispiel Lügen, Betrügen oder sexuelle Unmoral. *Sünde* dagegen schließt den Zustand der Trennung oder Entfremdung des Menschen von Gott ein. Das Wort steht für die zerbrochene Beziehung, die verkehrtes Verhalten (*Sünden*) zur Folge hat.

Eine gute Illustration dieser Situation ist das Unkraut im Garten. Ich bin in Kalifornien aufgewachsen, und meine Mutter schickte mich oft mit der Hacke in den Garten. Weil ich schnell fertig werden wollte, hackte ich oft den sichtbaren Teil des Unkrauts ab und kümmerte mich nicht um die Wurzeln, die man ja nicht sah. Leider entwickelten sich aus den Wurzeln bald noch kräftigere Stängel und neue Blätter. Aus der Wurzel (Sünde) wächst das Unkraut (die einzelnen Sünden). So sagt es Johannes in seinem Brief: „Jeder, der *die* Sünde tut, übertritt *auch* das Gesetz.“ (1 Joh 3,4 Zür; so lautet der Text wörtlich; die Hervorhebungen sind hinzugefügt.) Jesus definiert *die Sünde,* von der der Heilige Geist jeden Menschen überführen will, als fehlenden Glauben an ihn (Joh 16,8.9 EB), also als mangelndes Vertrauen zu ihm. Wahre Reue und Umkehr bedeutet also, sich und sein Leben Christus vorbehaltlos anzuvertrauen.

Das obige Beispiel hilft uns nicht nur, den Unterschied zwischen Sünden und Sünde zu verstehen, sondern erklärt auch eine häufig anzutreffende Schwierigkeit. In jahrzehntelangem Umgang mit Menschen, die geistlichen Rat suchten, habe ich viele erlebt, die immer wieder ihre *Sünden* bekennen, aber unfähig oder nicht in der Lage sind, die eigentliche *Sünde* zu bereuen; sie bleiben blind gegenüber der Kernsünde. Sie bekennen sich zwar schuldig, einzelne Gebote übertreten zu haben, zu viel zu essen oder nicht zum Gottesdienst zu gehen, aber sie gehen weiter ihren eigenen Weg im Leben, statt sich Jesus zu übergeben und ihm nachzufolgen. Sie geben zu, dass sie Gott ungehorsam gewesen sind, unternehmen aber nichts, um ihre Lieblosigkeit und beispielsweise ihren bitteren Zorn auf ihre Mutter oder ihren Vater zu überwinden.

Natürlich ist es nicht falsch, einzelne Sünden zu bekennen (Näheres dazu weiter unten), wir müssen uns aber auf das eigentliche Problem konzentrieren: Wem gehört unser Herz, unsere Treue? In der Bibel hat Reue meist etwas mit der Frage zu tun, worauf ich mein Leben ausrichte. Gott rief die Israeliten immer wieder auf, ihm die Treue zu halten und nicht fremde Götter anzubeten. Texte wie Jesaja 31,6, Jeremia 3,7–14 und Hosea 11 machen deutlich, wie sehr sich Gott danach sehnte, dass sein Volk umkehrte (bereute) und nicht länger anderen Gottheiten nachlief.

Johannes der Täufer mahnte seine Zuhörer: „Bringt rechtschaffene Früchte der Buße." (Lk 3,8) Damit ist offensichtlich gemeint, dass die grundlegende Richtungsänderung (*metanoia*) konkrete Verhaltensänderungen (Früchte) zur Folge haben muss. Wer sich nur mit einzelnen Taten befasst und nur sie Gott bekennt, versäumt es, sich mit dem Kernanliegen der Reue auseinanderzusetzen. Gott ruft zu einer Veränderung der Grundeinstellung zu ihm bzw. Jesus auf – vom Misstrauen zum Vertrauen, vom Hass zur Liebe, von der Rebellion zum willigen Gehorsam. Diese Sinnesänderung wird ihrerseits das Verhalten in allen Bereichen des Lebens beeinflussen.

Bereuen und Bekennen sind eng miteinander verbunden; sie bedingen einander. Wenn jemand Reue zeigt und seinem Leben eine neue Richtung gibt, ist das zugleich das (unausgesprochene) Eingeständnis, dass sein bisheriger Weg falsch war und eine Richtungsänderung (Reue) nötig ist. Reue und Bekenntnis ergänzen einander.

Die Herausforderung, seine Sünden zu bereuen

Zu bereuen mag einfach und unkompliziert zu sein scheinen, aber in der Praxis ist es – wenn man es ernst meint – eine echte Herausforderung und ein schwieriger Prozess, der außerordentlich schmerzhaft sein kann. Als Pastor und Lehrer begegnen mir immer wieder Menschen, die versuchen, wahre Reue zu umgehen und ein ehrliches Bekenntnis zu vermeiden, weil ihnen der Preis zu hoch erscheint. Oft ist ihnen das gar nicht bewusst. Wie Adam und Eva sich im Garten Eden versteckten, um Gott aus dem Wege zu gehen (siehe 1 Mo 3,8), so verstecken sich Menschen auch heute noch vor ihm, weil ihnen eine echte Begegnung mit Gott, zu der auch Hingabe, Reue und Bekenntnis gehören, nahezu unerträglich zu sein scheint.

Es gibt verschiedene Wege, eine Begegnung mit Gott zu vermeiden und sich vor Gott zu verstecken. Zum Beispiel kann man *nur die kleinen Dinge zur Sprache bringen* – einzelne Verhaltensfehler. Manche meinen, wenn sie sich um die Besserung von ein paar schlechten Gewohnheiten bemühen, haben sie der Reue Genüge getan und brauchen sich nicht mehr mit der grundsätzlichen Ausrichtung ihres Lebens zu befassen, um die es doch geht.

Andere versuchen, *sich selbst und Andere* zu *täuschen*. Sie verheimlichen ihre Sünden und ihre innere Not vor sich selbst und ihren Mitmenschen und tun so, als ob kein Unrecht geschehen wäre. Das gelingt aber nicht, weil sie tief in ihrem Innern wissen, dass sie ein großes Problem haben. Sie belügen sich selbst, und wissen zugleich, dass sie Gott nicht täuschen können.

Wieder andere *leugnen ihre Sünden*. Aus Unmoral wird Liebe, das Streben nach Reichtum ist gute Haushalterschaft, Gott aus den eigenen Entscheidungen herauszuhalten ist klares, logisches Denken, und aus einer Lüge wird Höflichkeit. Dieser Weg führt schnell zu noch größeren Lügen, noch mehr Selbstbetrug und weiteren Sünden.

Viele versuchen, der Reue aus dem Wege zu gehen, indem sie sich *Entschuldigungen für ihre Fehler ausdenken*. Sie finden gute Gründe für das, was sie getan haben, und verharmlosen die Angelegenheit oder geben anderen Leuten oder früheren Ereignissen die Schuld. Sie stellen sich als Opfer dar und lehnen eigene Verantwortung ab. Sie tun alles, um der Wirklichkeit nicht ins Auge sehen zu müssen, obwohl diese Lebenslüge sie bitter enttäuschen wird.

Aufrichtigkeit (Bekennen) lohnt sich

Gott möchte vor allem, dass wir aufrichtig sind. Wir sollen bekennen, dass wir Sünder sind (siehe Lk 18,13b) und was wir getan haben, und zugeben, dass es falsch war. Wir müssen einsehen, dass wir alle in der Versuchung stehen, der Wahrheit nicht ins Auge zu sehen. Aber schließlich muss uns irgendwann bewusstwerden, dass es kontraproduktiv ist, nur Belanglosigkeiten zu bekennen, etwas vorzutäuschen, das Geschehene zu leugnen oder Ausreden zu finden. Denn das ruiniert nach und nach Leib und Seele – es zerfrisst uns innerlich und wird zu einer schweren Last.

Aber es gibt eine gute Nachricht: Die Frucht des aufrichtigen Bereuens und Bekennens ist völlige, echte Freude. Und die Glückseligkeit, die Aufrichtigkeit und Vergebung bewirken, wiegt den Schmerz, den Bereuen und Umkehren bereitet, bei weitem auf.

Psychologische Untersuchungen haben deutlich gezeigt: Offenheit und Aufrichtigkeit im Umgang mit der Situation, in der wir uns befinden, und mit unseren Gefühlen haben sehr positive Auswirkungen. James Pennebaker erläutert die Ergebnisse seiner Untersuchungen in seinem Buch im Einzelnen und zeigt, dass wir nur gewinnen, wenn wir unsere tiefsten Gedanken und Empfindungen äußern. Im ersten und im vorletzten Kapitel verbindet er seine Forschungsergebnisse direkt mit den Erfahrungen von Religionen, in denen das Bekennen unterstützt wird. Gedanken und Gefühle zu verdrängen und nicht zuzulassen, kommt nach Pennebaker einer Schwerarbeit gleich, die die Abwehrkräfte des Körpers strapaziert und das Immunsystem schwächt.[1] Tatsächlich suchten Studenten, die ihr „Bekenntnis" einfach schriftlich verfassten, nur halb so oft einen Arzt auf wie diejenigen, die das nicht getan hatten. Offen zu sein fördert nicht nur unsere körperliche Gesundheit, sondern dient auch dem seelischen Wohlbefinden. Pennebaker fand heraus, dass es sogar Arbeitlosen half, eine neue Anstellung zu finden.[2]

Mit anderen Worten: Was die Bibel als eine gesunde Spiritualität beschreibt, erweist sich in vielen Bereichen wortwörtlich als heilsam. Aufrichtigkeit, auf der ja wahre Reue beruht, fördert nicht nur die geistliche Gesundheit, sondern auch das körperliche und seelische Wohlbefinden und ermöglicht gesunde Beziehungen.

Vergebung

Aber das ist noch nicht alles. Die Bibel lehrt, dass Umkehr und Bekenntnis zur Vergebung führen. Auch die Taufe der Buße, die Johannes der Täufer predigte (siehe Mt 3,11a), hatte dieses Ziel: Er taufte „zur Vergebung der Sünden" (Mk 1,4; Lk 3,3). Und der Be-

1 James W. Pennebaker, *Opening Up*, rev. Ausgabe, Guilford Press, New York 1997, S. 2–4.

2 Ebenda S. 34; 38f.

richt über die erste christliche Predigt nach der Auferstehung Jesu macht deutlich, dass dasselbe für Christen gilt, denn Petrus forderte seine Zuhörer auf, zu bereuen und umzukehren, „damit euch Gott eure Sünden vergibt" (Apg 2,38 Hfa).

Die Heilige Schrift sagt klar und deutlich, dass Gott ein Gott ist, der Sünden vergibt (siehe Ps. 103,3.10–12; Jes 44,22; Mi 7,18) und dass seine Vergebung für uns zur Realität wird, wenn wir unsere Sünden bekennen. Schon in den Sprüchen heißt es: „Wer seine Sünde leugnet, dem wird's nicht gelingen; wer sie aber bekennt und lässt, der wird Barmherzigkeit erlangen." (Spr 28,13)

1. Johannes 1,9 ist wahrscheinlich der bekannteste Bibeltext dazu: „Wenn wir aber unsere Sünden bekennen, so ist [Gott gegenüber Christus] treu und gerecht, dass er uns die Sünden vergibt und reinigt uns von aller Ungerechtigkeit." Wer seine Sünden bereut und bekennt, kann also zuversichtlich sein!

Das Problem besteht jedoch darin, dass Vergebung für viele nur eine Lehre ist, sodass sie den Prozess und die Dynamik der Vergebung nie richtig verstehen. Nur wenige von uns denken über Vergebung wirklich gründlich nach. Wir wollen hier damit wenigstens anfangen und fragen, was Vergebung ist und was sie nicht ist; wir werden die verschiedenen Arten der Vergebung kennenlernen und dann sehen, was geschieht, wenn uns vergeben wird und wenn wir anderen Menschen vergeben.

Wenn das Alte Testament über Vergebung spricht, verwendet es meistens Wörter wie *erlassen, verzeihen* oder *bedecken*. Das Neue Testament benutzt im Allgemeinen das Verb *loslassen, wegschicken* (*aphiēmi*),[3] aber auch *lösen* (Mt 16,19; 18,18) oder *gnädig sein* (Lk 18,13c). Ein gutes modernes Wort ist sicher *loslassen*.

Ich habe die wörtliche Bedeutung der im Alten und Neuen Testament verwandten Begriffe genannt, weil sie etwas ganz Bestimmtes zum Ausdruck bringen. Oft haben Christen ihnen eine viel zu große theologische und rationale Bedeutung beigemessen – vor allem, wenn sie sich auf die Vergebung beziehen, die wir Anderen gewähren. Wir müssen dazu das Folgende bedenken.

[3] *Theologisches Begriffslexikon zum Neuen Testament,* S. 1263.

Was Vergeben nicht ist

Vergeben heißt nicht *vergessen*. Etwas „loszulassen" oder „wegzuschicken" bedeutet nicht, dass man sich nicht mehr daran erinnern kann. Gott kann sich entscheiden, an unsere „Sünde nicht mehr [zu] denken" (Jer 31,34c EB), aber wenn Menschen etwas vergessen *wollen*, denken sie nur umso mehr daran.

Vergeben bedeutet auch nicht, *etwas zu billigen*. Oft wollen Opfer von Unrecht dem Übeltäter nicht vergeben, weil sie meinen, dass sie damit dessen abscheuliches Verhalten bagatellisieren oder entschuldigen. Die Vergebung muss unsere Empörung über eine schreckliche Tat keinesfalls abmildern. Etwas loszulassen beseitigt keineswegs die Schuld des Übeltäters. Auch Gottes Vergebung unserer Sünden ist keine Billigung unseres Verhaltens und ändert nichts an seiner Heiligkeit und Gerechtigkeit.

Vergebung ist auch nicht dasselbe wie *Begnadigung*. Zwar bedeutet Gottes Vergebung der Sünde den Erlass der gerechten Strafe, aber in zwischenmenschlichen Beziehungen verlangt Vergebung keineswegs, dass der Vergebende die Straffreiheit des Übeltäters befürwortet. Auch Gottes Vergebung hebt nicht die Folgen eines Unrechts auf. Vergebung bedeutet eben nicht Verzicht auf Strafe oder die Beseitigung der natürlichen Konsequenzen.

Vergebung führt auch nicht notwendigerweise zur *Versöhnung*. Natürlich sollten wir in den meisten Fällen eine Versöhnung anstreben, aber in manchen Fällen ist das Opfer oder der Täter an ihr gar nicht interessiert. Zu dem Mann, der deine Tochter missbraucht hat, musst du keine Beziehung aufbauen. Gott möchte sich mit uns versöhnen, aber manche Menschen wollen das gar nicht!

Kehren wir zu unserem Ausgangspunkt zurück: Vergeben heißt loslassen oder wegschicken. Was das im Einzelnen bedeutet, wird von Fall zu Fall unterschiedlich sein. Gottes Vergebung geht auf jeden Fall tiefer als die menschliche. Wenn Menschen einander vergeben, bedeutet das manchmal nur, dass sie aufhören, an dem Zorn festzuhalten oder sich ständig mit dem Vorgefallenen zu beschäftigen, und Gott wirken zu lassen, damit er irgendwelche Veränderungen der Situation bewirkt, wie er es für richtig hält.

Verschiedene Arten der Vergebung

Es gibt mindestens fünf verschiedene Arten der Vergebung. Für Christen steht Gottes Vergebung für unsere Sünden natürlich an erster Stelle, gefolgt von der Vergebung, die Menschen ihnen gewähren. In beiden Fällen sind sie Empfänger der Vergebung.

Eine dritte Art von Vergebung besteht darin, dass Menschen Gott vergeben. Ich meine damit nicht, dass Gott irgendein Unrecht tut und deshalb Vergebung braucht, aber viele Leute machen ihn verantwortlich für alles Schlechte in ihrem Leben. Gott zu vergeben bedeutet, ihm nicht länger an allem die Schuld zu geben, sondern mit der Situation, in der man sich befindet, konstruktiv umzugehen.

Die vierte Art der Vergebung bezieht sich auf Menschen, die uns Unrecht getan haben. Hier spielen wir eine aktive Rolle, ebenso wie bei der dritten Art der Vergebung. Es geht dabei um unsere Reaktion auf Unrecht, das Andere uns – vermeintlich oder tatsächlich – angetan haben. Darauf gehe ich im nächsten Abschnitt näher ein.

Und schließlich müssen wir auch uns selbst vergeben. Das mag auf den ersten Blick seltsam klingen, ist aber für unsere spirituelle und psychische Gesundheit außerordentlich wichtig. Sicher haben wir alle schon einmal gehört, wie jemand gesagt hat: „Das kann ich mir nie verzeihen!" Aber um geistlich heil zu werden, müssen wir uns auch selbst vergeben.

Anderen vergeben

Christen haben immer gelehrt, dass ihr Glaube ihnen gebietet, anderen Menschen zu vergeben. Das geht zum Teil auf Jesu Worte am Kreuz zurück: „Vater vergib ihnen; denn sie wissen nicht, was sie tun!" (Lk 23,34) Wir gehen davon aus: Wenn Jesus Gott bittet, ihnen zu vergeben, hat er selbst es auch schon getan.

Die Notwendigkeit, Anderen zu vergeben, kommt deutlich in der Bitte des Vaterunsers zum Ausdruck: „Vergib uns unsere Schulden, wie auch wir unseren Schuldnern vergeben haben." (Mt 6,12 EB) Besonders laut Matthäus scheint Jesus Gottes Vergebung abhängig zu machen von unserer eigenen Bereitschaft, Anderen zu vergeben. „Wenn ihr aber den Menschen nicht vergebt, so wird euch euer Vater eure Verfehlungen auch nicht vergeben." (V. 15)

Manche sehen in dieser Aussage eine Vorbedingung für Gottes Vergebung. Das mag teilweise richtig sein, aber ich glaube, dass der eigentliche Sinn dieser Worte tiefer liegt. Es ist eine Gesetzmäßigkeit des menschlichen Geistes, dass wir nicht empfangen können, was wir Anderen verweigern. Es ist, als hätten wir so etwas wie ein „Fairness-Gen" in uns, das es uns unmöglich macht, Gottes Vergebung wirklich zu verstehen und zu erleben, wenn wir selbst nicht bereit sind, Anderen zu vergeben. Wir sind vielleicht nahe daran, Vergebung von Gott anzunehmen, und wollen auch, dass er uns vergibt – da schaltet sich plötzlich das „Fairness-Gen" ein: „Du selbst kannst deinem Nächsten nicht vergeben", erinnert es uns, „und deshalb kann Gott auch dir nicht vergeben." Das ist der eigentliche Grund, warum viele Menschen in ihrem tiefsten Inneren nicht glauben können, dass Gott ihnen ihre Schuld vergibt.

Die Aussage in Matthäus' Version des Vaterunsers besteht also nicht darin, dass Gott willkürlich festgelegt hat: Wenn ihr Anderen nicht vergebt, kann euch auch nicht vergeben werden. Vielmehr hat Gott die menschliche Natur so geschaffen, dass sie über Fairness wacht und nicht zulässt, dass wir sie einfach missachten.

Man könnte noch weitergehen und sagen: Wer Schwierigkeiten damit hat, *eine* der fünf Arten der Vergebung in die Tat umzusetzen, kann die anderen vier auch nicht wirklich erleben. Christen sollten zur Kenntnis nehmen, dass die Sozialwissenschaften dem Thema Reue, Bekenntnis und Vergebung heute große Aufmerksamkeit schenken. Gary Thomas erklärt: „Sozialwissenschaftler entdecken, dass Vergebung den Opfern zu emotionaler und sogar körperlicher Wiederherstellung und Heilung verhelfen kann."[4]

Wenn das eine allgemein anerkannte Tatsache ist, sollten auch Christen sich wieder mehr für Vergebung interessieren, und zwar nicht nur für die Theologie der Vergebung, sondern auch für die Praxis der Vergebung – dieses so wichtigen Elementes christlichen Glaubens.[5]

---

[4] Gary Thomas, „The Forgiveness Factor", *Christianity Today*, 10. Januar 2000, S. 38–45.

[5] Zum ganzen Thema, Anderen zu vergeben siehe auch Lourdes E. Morales-Gudmundsson, *Ich verzeihe dir – aber…*, Advent-Verlag, Lüneburg 2010.

Zwei Schlüsselfragen zur Reue

Wir müssen zunächst noch einige Schlüsselfragen beantworten, ehe wir darüber sprechen, wie wir Bereuen und Bekennen praktizieren können. Die erste Frage lautet: Wie können wir Reue erfahren?

Reue und Vergebung gibt es, weil Gott sie in seiner Gnade möglich gemacht hat. Er hat sie dazu bestimmt, dass sie unser Leben heilen. Er möchte, „dass alle zur Buße kommen" (2 Ptr 3,9 EB), und selbst über *einen* einzigen Sünder, der umkehrt, herrscht Freude im Himmel (siehe Lk 15,7). Die Güte Gottes soll uns zur Reue führen, erklärte Paulus (siehe Röm 2,4). Gott offenbart und erweist uns immer wieder seine große Gnade und unvergleichliche Liebe, um uns zur Reue und Umkehr zu bewegen.

Wir können diese Erfahrung infolge unserer Anbetung machen, wie es bei Jesaja der Fall war. Als er in seiner Vision Gott in all seiner Herrlichkeit sah (siehe Jes 6,1–3), rief er aus: „Ich bin verloren! Denn ich bin ein Sünder und gehöre zu einem Volk von Sündern." (V. 5 Hfa) Dieses Bekenntnis führte ihn in die Gemeinschaft mit Gott und zu einem Leben des Dienstes (V. 8). Jesajas großes Verlangen nach Reinigung von Sünde führte ihn – und führt auch uns – zu Gott, der uns reinigt und allen, die bereuen und ihre Schuld bekennen, gern vergibt (siehe 1 Joh 1,7b.9).

Es ist entscheidend wichtig zu erkennen: Echte Reue ist selbst eine Gabe Gottes! Petrus erklärte, dass Gott Christus „erhöht [hat] zum Fürsten und Heiland, um Israel Buße und Vergebung der Sünden zu geben" (Apg 5,31). Ellen White erläuterte dazu:

> Reue … ist eine Gabe von Christus durch den Heiligen Geist … Es ist richtig, dass Reue der Vergebung vorausgeht, denn wer nicht über seine Sünden bekümmert ist, wird sich auch nicht nach Erlösung sehnen. Aber muss ein Mensch warten, bis er bereut hat, ehe er zu Jesus kommen darf? Soll die nötige Sinnesänderung als Hindernis zwischen einem Sünder und dem Erlöser stehen? Wir können zu Jesus so kommen, wie wir sind! Es ist sein Wirken und seine Liebe, die zu echter Reue führen.[6]

[6] *Der bessere Weg zu einem neuen Leben,* Neuausgabe 2008, S. 25f.

Die zweite Frage lautet: Ist Reue ein einmaliger Vorgang oder bleibt sie immer fester Bestandteil geistlichen Lebens? Zwar gebraucht das Neue Testament den Begriff Reue in erster Linie dann, wenn sie von der grundlegenden Veränderung am Anfang des christlichen Lebens spricht, es gibt aber auch zahlreiche Hinweise dafür, dass Reue auch im weiteren christlichen Leben eine wiederkehrende Erfahrung ist und sich dabei vertieft. Jesus gebietet uns, einem Bruder im Glauben zu vergeben, wenn er Reue zeigt; und selbst „wenn er siebenmal am Tag an dir sündigt und siebenmal zu dir umkehrt und spricht: ‚Ich bereue es', so sollst du ihm vergeben" (Lk 17,3.4 EB). Das zeigt, dass Reue anhaltend zum Leben eines Christen gehört.

Die Praxis des Bereuens und Bekennens

Wie wendet man dieses alles nun praktisch an? Zuerst müssen wir sorgsam untersuchen, wie das christliche Leben beginnt.[7] Viele lernen Reue, Bekenntnis und Vergebung als eine Glaubensüberzeugung kennen, der sie verstandesmäßig zustimmen. Es sollte ihnen aber nahegebracht werden, wie sie sie selbst erleben und sie fortwährend praktizieren können, um geistlich zu wachsen. Man könnte es Christen, die erst kürzlich zum Glauben gekommen sind, sogar zur Hausaufgabe machen, sich eine stille Zeit zu nehmen, um sich klarzuwerden und Gott zu fragen, was Bereuen sowohl in Bezug auf ihre Einstellung gegenüber ihm als auch in Bezug auf ihre bestimmten Verhaltensweisen bedeutet.

In vielen freikirchlichen Gemeinden ist es eine gute Tradition, dass Taufkandidaten gegenüber der leitenden Gruppe der Gemeinde über ihre christliche Erfahrung berichten müssen. Dabei kommen Reue, Bekenntnis und Vergebung zur Sprache. Leider haben viele Gemeinden diese Gewohnheit aufgegeben. Es mag problematisch sein, eine solche Befragung vor allen Gliedern durchzuführen, aber das Grundkonzept ist richtig und die Gemeindeleitung trägt Verantwortung für die geistliche Erfahrung der Taufkandidaten.

[7] Siehe dazu auch *Unser größtes Bedürfnis*, Advent-Verlag, Lüneburg 2011, Kap. 2: „Der Weg zur geistlichen Neugeburt".

Wenn der Gläubige ein ernsthaftes christliches Leben begonnen hat, sollten diese Prinzipien ein Teil seiner Spiritualität und seines Andachtslebens bleiben. Ich schlage daher vor, dass eine Ortsgemeinde monatliche und jährliche Termine festlegt, an denen jedes Gemeindeglied sein Leben überprüfen soll. Das könnte auch im Rahmen einer Rüstzeit geschehen. Wir müssen aber auch uns selbst jeden Tag darüber Rechenschaft ablegen, wie wir in den Problembereichen unseres geistlichen Lebens vorankommen, und uns fragen: Ist Jesus in jedem Bereich und Moment der Herr in unserem Leben? Wir müssen unsere Sünden bekennen – und zwar nicht pauschal oder formal, sondern konkret und ernsthaft, indem wir sie beim Namen nennen, ohne sie zu beschönigen oder zu bagatellisieren. Das macht den Weg frei für andere Disziplinen geistlicher Gemeinschaft wie zum Beispiel für das Beten, das Nachsinnen über Gott, das Studieren der Bibel und sich von Gott führen zu lassen.

Die meisten Evangelikalen haben diese tägliche Selbstprüfung als eine rein persönliche Angelegenheit des Einzelnen betrachtet. Das kann in vielen Fällen auch so gehandhabt werden, aber wir müssen erkennen, dass selbst die Schreiber der Bibel in bestimmten Fällen dazu rieten, andere Gemeindeglieder hinzuzuziehen. Denn wir Menschen haben eine erstaunliche Fähigkeit, uns selbst etwas vorzumachen und das Vorgefallene einfach abzustreiten – insbesondere, wenn es um die Beurteilung unserer eigenen Verhaltensweisen geht.

Manchmal haben wir auch Zweifel, dass Gott uns wirklich vergeben hat. Beide Probleme lassen sich dadurch lösen, dass wir ausgewählte Gemeindeglieder hinzuziehen, wenn es um Reue, Bekennen und Vergebung geht. In Jakobus 5,16 heißt es: „Bekennt also einander eure Sünden, und betet füreinander, dass ihr gesund werdet." Die Verbform macht deutlich, dass von einer wiederkehrenden Erfahrung die Rede ist. Wir können zum Beispiel kleine verschwiegene Gruppen bilden, die uns helfen, ehrlich zu sein, und einander versichern, dass Gott uns vergeben hat, weil wir eine Sünde bereut, bekannt und aufgegeben haben (siehe Joh 20,23; Spr. 28,13).

Im 18. und 19. Jahrhundert trafen sich die Methodisten wöchentlich in kleinen Gruppen von etwa zwölf Leuten (den sogenannten

„Klassen"). Sie sprachen offen über die geistliche Verfassung jedes einzelnen Teilnehmers und jeder berichtete, wie erfolgreich er im Kampf mit seinen Sünden gewesen war. Die Teilnahme an diesen Gruppen war Voraussetzung für die Aufnahme in die Gemeinschaft. Als diese Gruppen aufgegeben wurden, verlor der Methodismus seine geistliche Kraft. In den frühen Adventgemeinden in Nordamerika gab es ebenfalls solch eine Praxis in den „Gemeinschaftsgruppen" (social meetings), aber auch sie wurde leider aufgegeben. [8]

Wenn es solche Gruppen in deiner Gemeinde nicht gibt, dann suche dir einen verschwiegenen, reifen Christen, der ehrlich und wohlwollend zuhört, wenn du mit ihm über deine geistlichen Probleme sprichst. Es sollte jemand vom gleichen Geschlecht sein. Ermutige ihn oder sie, ehrlich zu sein und das Wort Gottes als Maßstab an dein Leben anzulegen. Denke nicht, eine solche Gepflogenheit sei überflüssig; sie ist auch dann notwendig, wenn du dich für einen reifen Christen hältst. Immer wieder habe ich erlebt, dass Christen große Fortschritte in ihrem geistlichen Leben machen, wenn sie Reue und Vergebung ernst nehmen. Für alle, die sich selbst überprüfen wollen, habe ich einen mehrseitigen Fragebogen entwickelt (siehe Anhang 1). Er hilft, sich auf das Wichtige zu konzentrieren und alle Lebensbereiche zu durchleuchten.

Zusammenfassung

Gott hat versprochen, dass alle, die Reue und Bekenntnis praktizieren, Vergebung empfangen und gesegnet werden. Das habe ich bestätigt gefunden. Möchtest du nicht einer von ihnen sein?

Gott zu erkennen, wie er ist, ihn anzubeten und dann uns selbst zu erkennen, wie wir sind – das führt uns zur Reue und Umkehr und zum Empfang der Vergebung sowie dazu, Anderen zu vergeben. Erst dann sind wir bereit für den nächsten Schritt – mit Gott echt zu kommunizieren. Das Herzstück dieser Kommunikation ist Gebet und Nachsinnen – die Themen der beiden nächsten Kapitel.

---

[8] Ausführlicher zu den methodistischen und adventistischen Gruppen siehe Russell Burrill, *Gemeinschaft, wie Christus sie meint*, Kap. 8–10.

Kapitel 4

Kommunikativ beten

„Beten ist in meinem Leben zur Notwendigkeit geworden."

„In meinen Morgenandachten ist etwas Überwältigendes geschehen. Ich habe den Frieden Gottes erlebt. Ich weiß nicht so recht, wie ich es beschreiben soll; ich würde sagen, es ist ein Gefühl uneingeschränkter Hingabe, innerer Ruhe, Freude und Liebe – alles von Gott und alles gleichzeitig."

Geistliche Mitpilger

Anbetung hat uns gelehrt, wer Gott ist, und Reue hat uns gezeigt, wer wir sind. Die so gewonnenen Einsichten müssen wir nun miteinander in Einklang bringen. Wie können Gott und Menschen miteinander kommunizieren? Das ist die Frage, um die es in den weiteren Kapiteln dieses Buches geht. Die Bibel lehrt: Es war Gottes Plan, dass er mit den Menschen eine persönliche Beziehung eingeht; er will Gemeinschaft mit ihnen pflegen. Wie das im Einzelnen möglich ist, werden wir jetzt besprechen.

Wir beginnen mit dem Thema Beten, weil es die häufigste Form der Gemeinschaft mit Gott ist, von der die Bibel spricht. Auch wenn es erst im nächsten Kapitel um das Nachsinnen über Gott geht, lassen sich diese beiden geistlichen Disziplinen weder in der Bibel noch in der Praxis klar voneinander trennen, sie gehen vielmehr ineinander über und es gibt mancherlei Gemeinsamkeiten. Die Bibel kennt wortloses beten, und beim Nachsinnen wird zuweilen auch gesprochen. Wir sollten also beides nicht streng voneinander trennen.

Gebete in der Bibel

Außer über Anbetung spricht die Bibel über keine religiöse Erfahrung der Gläubigen häufiger als über das Beten. Wenn man die biblischen Gebete untersucht, fallen einem außer der Tatsache, dass Beten sehr wichtig ist und häufig vorkommt, mindestens zwei Dinge auf: Erstens ihre *außerordentliche Vielfalt*. Gebete spielen bei öffentlichen Ereignissen eine zentrale Rolle, wie zum Beispiel der Einweihung des Tempels (siehe 1 Kön 8), in politischen und militärischen Krisen (2 Kön 19,1–7; 2 Chr 20) und in Zeiten religiöser Instabilität (siehe Dan 9). Das persönliche Gebet hat seinen Platz in Krisen im Dienst für Gott (wie z. B. bei Jeremia) oder wenn jemand in einer Notlage verzweifelt nach Antworten sucht (wie z. B. Habakuk). Seit vielen Generationen finden die Gläubigen in den Psalmen Gebete, die jede denkbare persönliche Krise thematisieren – vom Verlust von Freunden bis hin zu körperlichen Erkrankungen.

Jesus hat nicht nur häufig über das Beten gelehrt, sondern auch selbst viel gebetet – in allen möglichen Situationen. Ob er 40 Tage lang in der Wüste versucht wurde (siehe Mt 4,2), für seine Jünger Fürbitte einlegte (siehe Joh 17) oder eine verzweifelte Frage an Gott richtete (siehe Mt 27,46): Jesus betete. An der einen Stelle in den Evangelien, die einen ganzen 24-Stunden-Tag Jesu beschreibt, wird berichtet, dass er vor Tagesanbruch aufstand und einen einsamen Ort aufsuchte, um zu beten (Mk 1,21–35).

Die Apostelgeschichte schildert die Gläubigen der ersten Gemeinde als Menschen, die sich völlig vom Beten abhängig machten. Über 30 Mal werden in diesem Buch Gebete erwähnt. Jeder Fortschritt und alles Wachstum der Gemeinde scheint auf Gebet zurückzugehen (siehe z. B. Apg. 2,42; 4,31; 10,1–6; 11,5; 13,13).

Der Apostel Paulus begann seine Briefe vielfach mit einem Gebet und sprach davon, dass er für die Menschen und Gemeinden betet, unter denen er gearbeitet hat. Er forderte die Gemeindeglieder auch häufig zur Fürbitte für sich und Andere auf.

Mit anderen Worten: Es gibt überhaupt keine Situation, in der es überflüssig wäre zu beten. Man kann immer beten; keine Gelegenheit ist unpassend und keine Gruppe dazu zu groß oder zu klein.

Zweitens fällt auf: *Beten ist eine Zeit für völlige Aufrichtigkeit.* Es gibt keine Erfahrungen oder Emotionen, die im Gebet nicht zum Ausdruck gebracht werden dürfen. Gläubige beten, wenn sie glücklich sind und ihnen zum Danken zumute ist, aber auch, wenn sie besorgt, traurig oder niedergeschlagen sind. Manche beten sogar, wenn sie zornig oder zynisch sind und bringen das zum Ausdruck.

Vielen Menschen erscheint Beten als etwas Gestelltes und Gekünsteltes, weil ihnen beigebracht wurde: Wenn sie mit Gott reden, müssen sie genau auf ihre Worte achten; auf keinen Fall dürfe man Fragen stellen oder Ärger und Frustration äußern. Aber diese Vorstellung von Beten ist unbiblisch und unchristlich. Lies die Gebete Jeremias, der mit Gott darüber redete, was ihn frustrierte (siehe Jer 12,1–4; 20,14–18), oder denke an Habakuks zweifelnde theologische Fragen, die er an Gott richtete (siehe Hab 1,2–4), oder an die brutale Ehrlichkeit, mit der Psalmschreiber von Gott sogar die Vernichtung ihrer Feinde verlangten (Ps 2,9; 137,9). Erinnere dich auch an die quälende Frage, die Jesus Gott stellte, als er am Kreuz hing: „Mein Gott, mein Gott, warum hast du mich verlassen?" (Mt 27,46) Wenn du diese Gebete ernst nimmst, wirst du keine Scheu mehr haben, auch selbst offen und aufrichtig zu beten – so wie es dir ums Herz ist. Und dazu werden wir aufgefordert: „Schüttet euer Herz vor ihm aus; Gott ist unsre Zuversicht." (Ps 62,9b)

Solcherart Gebete wollen Leute hören. Vor mehreren Jahren starb eine gute Freundin von mir an Krebs. Sie hatte zwei Töchter im Teenageralter und war eine Stütze der Gemeinde und der Kommune. Ich hatte – wie viele andere auch – speziell dafür gebetet, dass sie geheilt wird. Wir dachten: *Wenn es irgendjemand verdient hat, dass Gott sie gesund macht, dann ist es diese Christin.* Ihr Tod stimmte uns nicht nur sehr traurig, sondern ließ auch die uralten Fragen über Gott wieder aufkommen. Die Familie bat mich, bei der Trauerfeier, an der mehrere Hundert Gäste teilnehmen würden, ein Gebet zu sprechen. Nach ernsthaftem Nachdenken entschloss ich mich, so zu beten, wie mir zumute war. Ich sprach ganz offen über die Frage, die mich bewegte: Warum war das geschehen? Am Ende des Gebets sagte ich, dass ich trotz meiner Enttäuschung über Gott keinen Anderen wüsste, an den ich mich wenden könnte. Nie haben mich nach einem Gebet so viele Menschen angesprochen wie damals. Einer nach dem Anderen sagte, ich hätte genau die Fragen ausgesprochen, die auch ihnen auf dem Herzen lägen. Seitdem rate ich jedem, erst dann anzufangen zu beten, wenn er sicher ist, dass er dabei völlig aufrichtig sein kann.

Eine Definition des Betens

Wie können wir Beten definieren? Für mich bedeutet Beten, *mich Gott durch Jesus zuzuwenden, mit ihm Gemeinschaft zu pflegen und mich ihm als meinem Freund und Herrn mitzuteilen.*

Diese Definition enthält drei wesentliche Elemente. Erstens: *Beten beinhaltet eine Absicht und eine bewusste Entscheidung*. Das Wort *zuwenden* soll dies zum Ausdruck bringen. Es ist unsere freie Entscheidung, ob wir beten oder nicht. Gott zwingt uns nicht zu beten – wir entscheiden uns dazu.

Zweitens: *Gemeinschaft pflegen beinhaltet reden und zuhören* – sowohl Gespräch und Handeln als auch Stille. Wer Beten vor allem als Reden *zu* Gott definiert, lässt wesentliche Aspekte des Gebets außer Acht. Es ist ein Reden *mit* Gott, denn Beten schließt alles ein, was auch Menschen tun, die miteinander Gemeinschaft pflegen.

Drittens: *Wir wenden uns Gott durch Jesus zu* und anerkennen ihn sowohl als unseren Freund als auch als unseren Herrn. Hierbei ist Ausgewogenheit erforderlich. Die Bibel spricht von einer Freundschaft mit Jesus (siehe Joh 15,14.15), aber wir dürfen nicht vergessen, dass er auch „der König aller Könige und Herr aller Herren" ist (1 Tim 6,15, Offb 17,14). Wir müssen uns immer völlig klar darüber sein, dass Jesus nicht nur ein Freund ist, sondern auch Herr des Universums und aller himmlischen und irdischen Mächte (Mt 28,18). Wenn der eine Gedanke den anderen dominiert oder gar ausschaltet, geht die biblische Spannung, die zwischen diesen beiden Polen besteht, verloren. Es ist aber eine gesunde Spannung. Wenn wir Gott anbeten und nach seinem Willen für unser Leben fragen, sehen wir in ihm unseren Herrn. Wenn wir ihm unsere innersten Probleme und Wünsche anvertrauen, kommen wir zu ihm als Freund und glauben, dass er uns als liebender Vater hilft.

Die Grundelemente des regelmäßigen Gebets

Das regelmäßige Gebet eines Christen enthält vier Grundelemente.

1. Die Anrede. Wir wenden uns an „Gott, den Vater unseres Herrn Jesus Christus" (2 Kor 1,3; Eph 1,3; Kol 1,3; 1 Ptr 1,3). Das macht unser Gebet zu einem christlichen Gebet. Wir beten nicht zu dem unpersönlichen Gott eines hinduistischen Philosophen, sondern wenden uns an den Gott der Bibel, von dem Jesus uns ausdrücklich gelehrt hat, ihn Vater zu nennen. Über den neutestamentlichen Gebrauch des von Jesus verwendeten Wortes *abba* ist schon viel gesagt worden. Manchmal wird es einfach mit *Papa* wiedergegeben; mit diesem Wort redeten sowohl Kinder als auch Erwachsene ihren leiblichen Vater an. Laut der Evangelienberichte hat Jesus den Ausdruck *abba* benutzt, um Gott im Gebet anzusprechen (siehe Mk 14,36). Er steht auch ohne Frage im Vaterunser hinter dem Begriff *Vater* (siehe Mt 6,9; Lk 11,2). Das war damals keineswegs üblich und ist der einzigartige Beitrag Jesu zum Beten. Die Juden verehrten den Namen Gottes so sehr, dass sie zahlreiche Regeln aufgestellt hatten, um ihn vor Missbrauch zu schützen. Was Jesus hier tat, war für sie etwas Unerhörtes. Wir, die wir als betende Christen aufgewachsen sind, können uns überhaupt nicht vorstellen, was es für einen Juden im ersten Jahrhundert bedeutete, Gott mit *abba* anzureden. Zur Zeit Jesu war es üblich, dass Rabbis ihre Schüler Gebete lehrten, die ihre eigenen Unterweisungen zusammenfassten. Das hatte auch Johannes der Täufer getan; deshalb baten auch die Jünger Jesus, sie beten zu lehren (siehe Lk 11,1). Die Tatsache, dass Jesus die Anrede „Vater" oder „unser Vater" an den Anfang seines Mustergebets stellte, macht deutlich: Diese Anrede sollte in der christlichen Theologie und im christlichen Gebet eine wichtige Rolle spielen. Selbst Juden und Muslime – im religiösen Sinne Cousins der Christen – verwenden das Wort „Vater" nicht, wenn sie zu Gott beten. Dass Jesus es tat und es seine Jünger lehrte, spricht Bände über das, was er über Gott und den familiären Charakter des christlichen Glaubens zu sagen hatte. Christen, die Gott im Gebet mit Vater anreden, sollten sich bewusst sein, welch wunderbares und herrliches Vorrecht sie damit haben!

In einer Zeit, die zunehmend sensibel für Sexismus und Geschlechtervorurteile wird, müssen wir uns vor Augen halten: Die Aussagen der Bibel oder meine obigen Aussagen dazu haben nichts mit der Frage zu tun, ob Gott männlich oder weiblich ist. In der christlichen Theologie tritt Gott sowohl als Vater als auch als Mutter auf.[1] Das Wort *Vater* soll in diesem Zusammenhang Vertrautheit und Fürsorge zum Ausdruck bringen und bezieht sich nicht auf ein irgendwie geartetes Geschlecht Gottes. Wir alle sind Kinder eines Gottes, der die Liebe und fürsorglichen Elemente beider menschlichen Elternteile in sich vereinigt.

2. Anbeten, Loben und Danken. Wir beten Gott auch mit körperlichem Ausdruck an (siehe Ps 62,9), loben ihn für seine wunderbaren Wesenszüge und danken ihm für alles, was wir von ihm empfangen haben (siehe Ps 103,1–13). Indem wir „zu seinen Toren mit Danken" eingehen und „zu seinen Vorhöfen mit Loben" (Ps 100,4), anerkennen wir, was Gott für uns getan hat und wer er ist.

3. Bitten. Leider nimmt das Bitten bei manchen Gläubigen den größten Teil des Gebetes in Anspruch. Andererseits stimmt es, dass das Mustergebet Jesu auch allerlei Bitten enthält. Natürlich sollen wir Gott unsere Bedürfnisse mitteilen – Jesus und Paulus fordern uns dazu auf (siehe Mt 7–11; Phil 4,6; 1 Ptr 5,7). Aber ein Großteil unseres Bittens sollte Fürbitte für andere Menschen und ihre Anliegen sein. Unsere Bitten beziehen sich auf geistliche Dinge, sollen aber körperliche Bedürfnisse nicht außer Acht lassen. Das Vaterunser schließt auch die Bitte um das tägliche Brot ein (Mt 6,11).

4. Den Fürsprecher nennen. Wir beenden unser Gebet, indem wir unseren Fürsprecher beim Namen nennen. Wer macht unser Gebet wirksam? Wie wird es vor Gott gebracht? Wer gibt unserem Gebet Vollmacht? Für einen Christen ist das Jesus, denn er sagte zu seinen Jüngern: „Wenn ihr den Vater um etwas bitten werdet in meinem Namen, wird er's euch geben. Bisher habt ihr um nichts gebeten in meinem Namen. Bittet, so werdet ihr nehmen, dass eure Freude vollkommen sei." (Joh 16,23.24) Es ist also wichtig, dass wir „im Namen Jesu" beten. Dies bedeutet nicht das Anhängen einer

[1] Siehe z. B. Mt 23,37 und Lk 13,34, wo Gott mit einer Henne verglichen wird, die ihre Küken um sich versammelt, sowie Jes 49,15 und 66,13.

Gebetsformel am Schluss des Gebetes, sondern: Was Jesus für uns am Kreuz getan hat und wer er ist, ermöglicht es uns als Christen, in einer ganz neuen Weise zu beten. Wir haben einen Fürsprecher, der unsere Gebete wirksam macht. Unsere Gebete kommen vor Gott im Namen und in der Kraft unseres auferstandenen Herrn.

Das einzigartige des christlichen Gebetes ist *nicht* die Tatsache, dass wir Gott loben und ihn bitten; das tun Angehörige anderer Religionen auch. Das Besondere am christlichen Gebet ist zum einen die Art, wie wir Gott anreden – nämlich mit Worten, die Vertrautheit, innige Verbundenheit und Zusammengehörigkeit zum Ausdruck bringen –, und zum anderen der einflussreiche, bevollmächtigte, fürsorgliche Fürsprecher, in dessen Namen wir beten. Diese beiden Merkmale, die in unseren Gebeten oft nur flüchtig oder überhaupt nicht zum Ausdruck kommen, bilden den eigentlichen Kern wahrer christlicher Gebete. Sie bilden den Rahmen für unser Lob und unseren Dank, unsere Bitten und unsere Fürbitte, und sind der Grund für unsere Zuversicht, dass Gott antworten wird.

Wie können wir beten?

Wenn ich mit Leuten über die Schwierigkeiten spreche, die sie mit dem Beten haben, höre ich oft, dass sie es als eine lästige Pflicht empfinden, die sie erfüllen müssen, damit Gott sie nicht verwirft. Solche Gebete können nur unbefriedigend sein. Ich rate diesen Menschen Folgendes.

Erstens: *Verstelle dich nicht beim Beten.* Mit anderen Worten: Bete so, wie du kannst und wie du empfindest. Sei du selbst und gib nicht vor, jemand zu sein, der du gar nicht bist. Sei aufrichtig. Wenn es dir schwerfällt zu beten, dann sage es Gott: „Beten langweilt mich und ich kann ihm nichts abgewinnen. Kannst du mir helfen? Was soll ich tun?" Und wenn du nicht weißt, ob Gebete überhaupt irgendetwas bewirken, dann bekenne dich dazu vor Gott: „Ich weiß nicht einmal, ob es dich gibt oder ob du mir antworten kannst, aber ich suche nach dir. Bist du da? Wie kann ich mit dir und du mit mir in Verbindung treten?" Und wenn du schon seit vielen Jahren ein Christ bist und deine Gebete kraftlos geworden sind, dann erzähle

Gott, wie es um dich steht, und bitte ihn, dir zu helfen. Für viele ist der Mut zur Echtheit und Aufrichtigkeit wie frische Luft, die ihr Gebetsleben wieder neu belebt.

Als zweites empfehle ich ihnen: *Suche nach neuen Formen des Gebetes,* die dir neue Wege der Kommunikation mit dem Herrn des Universums eröffnen. Im Folgenden mache ich sieben Vorschläge, um das Gebetsleben neu zu gestalten.

1. Schaffe einen entsprechenden Rahmen. Stell dir vor, dass du Nudeln essen willst. Das kannst du auf ganz verschiedene Weise tun. Nehmen wir an, du hättest im Garten gearbeitet und kommst in deinem schmutzigen Arbeitszeug ins Haus. Du bist in Eile; also greifst du dir eine Packung mit Fertignudeln und ein Flasche mit Tomatenketchup und gießt ihn über die Nudeln. Du stellst den Teller kurz in die Mikrowelle und schlingst alles im Stehen in der Küche runter, weil noch einige Arbeit auf dich wartet. Das zweite Szenario ist ein romantisches Dinner: Du deckst den Esszimmertisch mit dem besten Geschirr und dem Silberbesteck. Die heißen Nudeln servierst du in einer passenden Schüssel, ebenso die fein angemachte Tomatensauce. Das Licht ist gedämpft, im Hintergrund spielt leise Musik. Zur Feier des Tages hast du dir ein hübsches Kleid oder einen guten Anzug angezogen. Die Zeit scheint still zu stehen für die Begegnung mit einem Menschen, der dir viel bedeutet.

Die Nudeln haben in beiden Fällen denselben Nährwert und enthalten gleich viele Kalorien; aber was du erlebst, ist völlig unterschiedlich. Ich will damit nicht sagen, dass wir Gott nur anrufen können, wenn wir unseren besten Anzug anhaben und der Tisch festlich gedeckt ist. Auch kurze Gebete im Laufe des Tages sind immer hilfreich. Was ich aber sagen will, ist: Ernsthafte Gebets- und Andachtszeiten verlangen einen entsprechenden Rahmen.

Jesus empfand es offensichtlich als hilfreich, einen einsamen Ort aufzusuchen, wenn er beten wollte (Mk 1,35; 6,45.46). Viele Beter haben einen bestimmten Raum oder Stuhl, der sie innerlich auf das Beten vorbereitet. Ich kenne eine Frau, die die Tür öffnet, bevor sie anfängt zu beten, damit Gott eintreten kann. Andere benutzen einen Gebetsteppich oder einen Betstuhl. Manche zünden eine Kerze an oder dämpfen das Licht. Vielleicht hilft auch die Erinnerung an eine besondere Erfahrung mit Gott, um eine persönliche Atmosphäre herzustellen. Sogar spezielle Düfte können dienlich sein. Das israelitische Heiligtum in der Mitte des Lagers, in dem Gott sich offenbarte, war für seinen besonderen, angenehmen Duft bekannt, den ein einzigartiges Salböl verströmte. Das ganze Heiligtum und auch die Priester wurden mit „heiligem Öl" gesalbt. Für andere Zwecke durfte es (bei Androhung der Todesstrafe) nicht hergestellt oder gebraucht werden (siehe 2 Mo 30,22–33). Sein besonderer Duft vermittelte dem Volk ein Gefühl der Nähe Gottes. Auch wir müssen uns Orte schaffen, an denen wir die göttliche Nähe spüren. Und indem wir diese Orte aufsuchen, wenden wir uns Gott zu und haben so bereits angefangen zu beten.

2. Benutze Lieder oder singe. Die meisten Gläubigen sind sich nicht bewusst, dass viele der Kirchenlieder, die sie singen, Gebete sind oder sein können. Das Gesangbuch der Heiligen Schrift – die Psalmen – ist zugleich ein Gebetbuch. Für viele Christen bringen Lieder das zum Ausdruck, was sie an ihrem Glauben innerlich am meisten berührt. Zwar hat Musik in den meisten christlichen Gottesdiensten einen Platz, aber im persönlichen Gebetsleben der Christen kommt sie kaum vor. Dabei gibt es so viele Möglichkeiten, sie einzusetzen. Das Spektrum reicht von entspannender Hintergrundmusik beim Lesen inspirierender Texte bis zum Auswendiglernen und/oder Singen geistlicher Lieder während der Andacht. Meine Frau fühlt sich Gott besonders nahe, wenn sie am Klavier sitzt und christliche Lieder spielt und singt, die ihr etwas bedeuten. Wenn das geschieht, um Jesus zu ehren, ist es ganz sicher Anbetung. In meinem geistlichen Leben erlebte ich eine Phase, in der Beten und Bibellesen mir nichts mehr gaben. Aber Lieder über Jesus, die ich in einem stillen Raum im Keller hörte, erreichten meine Seele und führten mich zurück in die Gemeinschaft mit Gott. Sein Geist leitete mich an, mitzusingen oder einfach der Aufforderung der Liedtexte zu folgen – zum Beispiel niederzuknien, die Hände zu erheben oder mich auf dem Boden auszustrecken. Solche Gebetspraktiken lassen sich beliebig an die Bedürfnisse, das Temperament, die Stimmung und Situation des Beters anpassen. Du musst es ausprobieren und mit dem experimentieren, was dich anspricht.

3. Führe ein geistliches Tagebuch. In Kapitel 6 werde ich auf das Schreiben eines geistlichen Tagebuches noch näher eingehen, muss aber an dieser Stelle schon etwas zu seiner Bedeutung für das Beten sagen – aus mindestens zwei Gründen.

Erstens: Vielen Leuten hilft es, Gebete aufzuschreiben oder Briefe an Gott zu schreiben. Ich erinnere mich an eine Frau, die am Ende einer meiner Vorträge über das Tagebuchführen mit Tränen in den Augen zu mir kam. Sie erzählte, dass sie seit Jahren zu Gott bete, indem sie ihm Briefe schreibe; das habe ihr geistliches Leben sehr bereichert. Irgendjemand hatte ihr dann aber vorgehalten, was sie da mache, sei gar kein richtiges Beten. Wenn sie wirklich beten wolle, müsse sie niederknien, die Augen schließen und dann ihr Gebet sprechen. Nun dankte mir die bedrängte Glaubensschwester überschwänglich dafür, dass ich ihr gewissermaßen die Erlaubnis erteilte, schriftlich zu beten, und ihr bestätigt hatte, dass sie also doch wirklich gebetet hatte.

Zweitens: Ein geistliches Tagebuch zu führen ist meiner Meinung nach eine der besten Möglichkeiten, um hören zu können, was Gott mir sagt. Es ist ein oft vernachlässigter, aber entscheidend wichtiger Aspekt des Betens. Ich kann mich noch gut erinnern, als ich das zum ersten Mal ausprobieren wollte. Ich weiß nicht mehr genau, warum ich Angst hatte, Gott darum zu bitten, zu mir zu sprechen. Ich dachte wohl: *Und wenn er mich nun auffordert, etwas ganz Sonderbares zu tun?* Wochenlang schob ich es vor mir her. Aber eines Morgens nahm ich nach meiner Anbetungszeit Stift und Papier zur Hand, bat Gott um seine Gegenwart und fragte: „Was möchtest du mir sagen, Herr?“ Das erste, was ich hörte, war mein Name. „Jon, Jon, du bist mein lieber Sohn. Entspann dich. Warum solltest du dir darüber Sorgen machen, was ich dir wohl sagen will? Heute Morgen will ich dich nur wissen lassen, dass ich dich sehr liebe.“ Tränen traten mir in die Augen, und mein Herz öffnete sich Gott, wie ich es nie zuvor erlebt hatte. Diese Erfahrung war der Anfang eines Weges, auf dem ich mich noch heute befinde. An den meisten Tagen hat Gott etwas zu sagen und immer beginnt er damit, mich bei meinem Namen zu nennen. Ich werde reich gesegnet, weil ich beim Schreiben quasi seine Stimme hören kann.

4. Benutze Worte der Heiligen Schrift. Wir können im Gebet nicht nur Bibeltexte zitieren, sondern sie auch zur Grundlage eines längeren persönlichen Gebetes machen.

Im vergangenen Jahrzehnt ist es üblich geworden, betend über das Vaterunser nachzudenken. Als ich ein Junge war, haben wir das Vaterunser oft in unsere Gebete integriert. Aber betend über das Vaterunser nachzudenken ist etwas ganz anderes, denn dabei machst du die einzelnen Sätze des Vaterunsers zum Gegenstand deines Gebetes und denkst laut über sie nach, zum Beispiel:

„Ich bin so froh, dass ich dich ‚Vater' nennen darf. Du hast uns gelehrt, dich so anzureden. Das gibt mir das Gefühl, dass ich mich dir wirklich anvertrauen kann. Es lässt mich auch an die vielen Menschen um mich herum denken, die keine guten Mütter und Väter gehabt haben. Was kann ich heute tun, damit meine Mitmenschen sehen, wie herrlich es ist, dich als Vater und Mutter zu sehen? Du hast uns gelehrt, dich ‚*unser* Vater' zu nennen. Deshalb weiß ich: Nicht nur ich darf dich so nennen, sondern auch meine Brüder und Schwestern." Und so sprichst du mit Gott über den Inhalt des Vaterunsers, so lange du möchtest.

Dasselbe kannst du auch mit jedem anderen Bibelabschnitt machen. Besonders geeignet sind vertraute Texte wie Psalm 23 oder 103 oder Teile der Bergpredigt. So lernst du nicht nur, die Bibel immer mehr zu schätzen, sondern diese Art zu beten macht dich auch immer vertrauter mit ihrer Botschaft und gibt dir neue und tiefere Einsichten in die Bedeutung biblischer Texte.

5. Bete mit einfachen Worten. Gebete müssen nicht lang oder sorgfältig durchdacht sein, um Gemeinschaft mit Gott herzustellen. Auch bedarf es nicht ständig neuer Formulierungen; dieselben Worte dürfen durchaus häufiger gebraucht werden. Auch traditionelle, bewährte Gebete aus Gebetbüchern können in die Gemeinschaft mit Gott führen genauso wie die, die wir oft wiederholen.

Es stimmt zwar, dass Jesus in Matthäus 6,7 gesagt hat, dass wir „nicht viel plappern" sollen, wenn wir beten; aber in dem Text geht es um die falsche Vorstellung, durch viele Worte Gott zum Handeln zu bewegen, und um die Sinnlosigkeit und Oberflächlichkeit der Worte, nicht um Wiederholungen an sich; das machen andere

Übersetzungen deutlich: „Leiere nicht endlose Gebete herunter." (Hfa) Das heißt: Wir sollen nicht denken, viele Worte und endlose Wiederholungen erhöhen die Wahrscheinlichkeit, dass Gott unsere Gebete erhört. Kurze Gebete müssen ja keineswegs sinnlos oder leer sein, und nicht jede Wiederholung ist ein Versuch, Gott zu einer Antwort zu zwingen – sie kann die Gemeinschaft mit Gott auch vertiefen. Offensichtlich wiederholte auch Jesus in seinen Gebeten manche Bitten wörtlich (siehe Mt 26,44).

Ein Beispiel für ein einfaches Gebet ist das sogenannte „Jesusgebet". In der russisch-orthodoxen Kirche ist es sehr bekannt und hat durch das Buch *The Way of a Pilgrim* auch in der übrigen Christenheit weite Verbreitung gefunden.[2] Es gibt zwar einige Praktiken bei der Benutzung dieses Gebetes, die ich nicht gutheiße, aber wir finden es auch in der Bibel: „Jesus, du Sohn Davids, erbarme dich meiner!" (Mk 10,47; Lk 18,38) Man kann es auch noch verkürzen: „Jesus, erbarme dich meiner!" oder zu „Erbarme dich meiner!" In der orthodoxen Tradition wiederholt man diese Worte viele Male hintereinander – entweder laut oder nur in Gedanken – bis sie schließlich nicht nur im Kopf sind, sondern auch ins Herz eindringen und zu einer ständigen Melodie werden, die immer präsent ist. Natürlich muss man sich davor hüten, solche Gebete gedankenlos zu wiederholen.

6. Lass deinen Körper mitbeten. Ganzheit ist ein biblisches Konzept; Körper, Seele und Geist bilden eine Einheit. Der Körper nimmt an allen Aspekten des Lebens teil, auch am geistlichen Leben. Er kann auch beten – zumindest das Gebet ergänzen.

Jeder gleichförmige Bewegungsablauf kann zum Beten genutzt werden. Viele Leute beten zum Beispiel beim Gehen. Ich selbst habe eine Zeitlang beim Joggen gebetet (natürlich sollte man das nicht auf verkehrsreichen Straßen tun!). Einmal folgte ich einem Lehrer des Buddhismus, der gemessenen Schrittes über einen Universitätscampus ging, und sah, wie er dabei meditierte und betete. Ich fragte mich, warum Christen das nicht auch häufiger tun.

---

2 *The Way of a Pilgrim: and the Pilgrim Continues His Way*, Image Books, New York 1978.

Wie wir schon im Kapitel über Anbetung gesehen haben, können Körperbewegungen die Anbetung vertiefen. Warum also nicht die Haltung des Körpers dem Gebetsinhalt anpassen: Sich niederwerfen oder sich zur Erde beugen, wenn wir Reue zum Ausdruck bringen; die Hände erheben, während wir Gott preisen; die Hände öffnen (die Handflächen nach oben), um zu empfangen, worum wir bitten? Auf diese Weise nimmt ein größerer Teil von uns am Gebet teil.

Eine ganz einfache Möglichkeit, den Körper mitbeten zu lassen, besteht darin, laut zu beten. Es wäre für viele eine Hilfe; zumindest könnte es die Schläfrigkeit während der Andacht überwinden helfen. Meiner Meinung nach suchte Jesus unter anderem deshalb einsame Orte zum Beten auf, weil er laut beten wollte. Sein morgendliches Beten sollte nicht das ganze Haus aufwecken. Vielleicht geht es uns ähnlich. Einen Ort zu haben, wo wir ungestört und ganz persönlich laut mit Gott sprechen können, würde sich positiv auf unser Gebetsleben auswirken.

7. Benutze künstlerische Arbeit oder das Nachsinnen über ein Kunstwerk als Gebet. Künstlerisch begabte Menschen können sich ihre Kunst zunutze machen, um zu beten. Ich habe einen Freund, der beim Skizzieren und Zeichnen von Motiven, die mit der Natur und mit Gott zu tun haben, Gemeinschaft mit Gott pflegt. Ein Kunstwerk zu schaffen – sei es nun ein Gemälde, eine Skulptur oder ein Musikstück – kann für den Künstler ein Akt der Anbetung sein. Das stimmt auch mit der oben erläuterten Definition des Gebetes überein: Sich Gott zuwenden, um ihm ganz nahe zu sein. Schließlich akzeptieren wir auch viele Lieder als Gebete; warum können dann nicht auch Gemälde, Skulpturen oder Musik Gebete sein?

Auch wer keine künstlerische Begabung hat, kann eine ähnliche Erfahrung machen, indem er sich in ein Kunstwerk vertieft und darüber nachsinnt. Während eines kürzlich durchgeführten Seminars nahmen sich einige von uns Zeit, schweigend ein Bild zu betrachten, das die biblische Geschichte vom reichen Jüngling darstellte. Es war eine tiefgreifende, segensreiche Erfahrung.

In meinem häuslichen Arbeitszimmer hängt ein kreuzförmiges, verwittertes Stück Kiefernwurzel, das ich während einer geistlichen Rüstzeit fand, die mir viel gegeben hat. Das Betrachten dieses Holzstückes, das mich nicht nur an mein Erlebnis während der Rüstzeit erinnert, sondern auch an das, was Jesus für mich auf Golgatha getan hat, macht das Kreuz Christi für mich real.

Keine der genannten Gebetsformen sind notwendige Voraussetzungen für echtes Beten oder für das christliche Wachstum. Ich erwähne sie nur als zusätzliche Möglichkeiten, mit Gott zu kommunizieren. Wenn sie geistgeleitet sind, vermögen sie die Gemeinschaft mit Gott zu vertiefen, genauso wie neue Wege der Kommunikation mit anderen Menschen unsere Beziehung zu ihnen verbessern können. Die Jahre, in denen ich versucht habe, meinen Studenten zu zeigen, wie echte Frömmigkeit entsteht, haben mich gelehrt: Neue Wege der Kommunikation mit Gott eröffnen neue Dimensionen geistlichen Lebens; sie sind auch eine Quelle der Freude und der Neubelebung, der so nötigen Erweckung der Gemeinde.

Kapitel 5

Nachsinnen über Gott (Meditieren)

„Ohne nachzusinnen bleibe ich fixiert auf mein aktuelles Gebetsanliegen. Meditation eröffnet mir eine neue Dimension."

„Mir ist eine tiefe Erkenntnis zuteil geworden: Das Gebet ist ein Geschenk Gottes."

Geistliche Mitpilger

Viele Christen haben eine falsche Vorstellung vom christlichen Meditieren, daher sinnen sie nicht über Gott nach, fürchten sich vielleicht davor oder verteufeln es sogar. Ich verstehe zwar nicht ganz, wovor sie Angst haben, weiß aber, dass der Begriff Meditation für viele Christen einen zweifelhaften – wenn nicht sogar sehr negativen – Beigeschmack hat. Leider berauben sich auf diese Weise viele einer wichtigen Möglichkeit, mit Gott in Verbindung zu treten, und begnügen sich mit einer einseitigen Praxis des Betens.

Wenn wir uns für eine verkehrte Form der Meditation begeistern, wird Satan jubeln; aber genauso freut er sich über alle, die jede Form der Meditation pauschal ablehnen. Das Ergebnis ist in beiden Fällen tragisch. Die Christenheit – besonders ihr protestantischer Zweig, zu dem wir gehören – muss wieder zurückfinden zu echter christlicher Meditation, damit ihre geistliche Praxis neu belebt wird. Ein wichtiger Schritt auf dem Weg zu diesem Ziel besteht darin zu begreifen, dass die Bibel das Konzept, das der christlichen Meditation zugrunde liegt, nicht nur kennt und lehrt, sondern sogar dazu auffordert, über Gott nachzusinnen, d. h. zu meditieren.

Das Konzept des Nachsinnens im Alten Testament

Im Alten Testament werden dafür vor allem drei hebräische Worte benutzt. Das eine (*chagah*) bedeutet wörtlich *murmeln, stöhnen,* oder *nachsinnen* (indem man zu sich selbst spricht).[1] Wir meditieren also über Gottes Wort, indem wir es leise wiederholen oder es uns immer wieder durch den Kopf gehen lassen – so wie es uns manchmal mit einem „Ohrwurm" geht. Auf diese Weise beeinflusst es ständig unser Leben und bleibt in unserem Bewusstsein. Die bekannteste Stelle ist Josua 1,8: „Dieses Buch des Gesetzes soll nicht von deinem Mund weichen, und du sollst Tag und Nacht darüber nachsinnen, damit du darauf achtest, nach alledem zu handeln, was darin geschrieben ist." (EB, siehe auch Ps 1,2)

Das zweite hebräische Wort (*shiyach*) bedeutet, *sich mit etwas beschäftigen, die Aufmerksamkeit auf etwas richten* oder *in Gedanken versunken sein.*[2] Es kommt damit dem allgemeinen Verständnis von Meditation näher und steht zum Beispiel in Psalm 77,13: „Ich will nachdenken über all dein Tun, und über deine Taten will ich sinnen." (EB; am Anfang wird *chagah* benutzt, am Ende *shiyach.* Siehe auch Ps 119,15.23b.48b.78b.148, vgl. EB.) Diese beiden Worte werden in der *King James Bibel* 15 Mal mit *meditate* übersetzt.

Ein weiteres hebräisches Wort (*zakar*) bedeutet *gedenken* oder *sich erinnern.* Es wird zum Beispiel zweimal in Psalm 77,12 benutzt: „Ich will gedenken der Taten Jahs; ja, deiner Wunder von alters her will ich gedenken." (EB) „In manchem Zusammenhang bezieht es sich darauf, sich vor Gott unter Gebet in Erinnerung zu rufen, was er Israel offenbart und für sein Volk getan hat, mit dem Ziel, die Implikationen für die Gegenwart zu bedenken (z. B. in Ps 63,7 EB; 137,7 EB)."[3] Die Bibel betrachtet diese Praktik des Gedenkens unter Gebet nicht nur als eine Beschäftigung speziell für den Sabbat (siehe 5 Mo 5,15), sondern als etwas, das man jeden Tag tun sollte (siehe Ps 119,55 GNB).

---

1 William L. Holladay, Hg., *A Concise Hebrew and Aramaic Lexicon of the Old Testament*, Eerdmans, Grand Rapids (Michigan), 1971, S. 76.

2 Ebenda, S. 350f.

3 Peter Toon, *From Mind to Heart: Christian Meditation Today*, Baker, Grand Rapids (Michigan), 1987, S. 24.

Die genannten Beispiele sagen uns dreierlei über das Konzept der „Meditation" im Alten Testament. Erstens: Die biblische Definition von Meditation ist sehr weit gefasst. Sie schließt sowohl leises oder lautloses Wiederholen von Aussagen ein als auch hörbares Rezitieren des Wortes Gottes bei der Alltagsbeschäftigung. Die Bibel ermutigt also zu unterschiedlichen Formen des Nachsinnens.

Zweitens: Gott fordert sein Volk eindeutig dazu auf, (im recht verstandenen Sinne) zu meditieren. Das ist nicht nur eine christliche Praxis. Der jüdische Autor Aryeh Kaplan schreibt in seinem Buch *Jewish Meditation,* es gäbe zahlreiche Hinweise dafür, dass Meditation unter Juden „weit verbreitet" war, und zwar von Anfang an bis in die prämoderne Ära. Er führt an, dass in biblischer Zeit sehr viele Israeliten solche Praktiken ausgeübt hätten.[4]

Drittens: Gegenstand der Meditation waren in erster Linie Gottes Taten, sein Gesetz und sein Wort. Die Psalmen sind zweifellos das Buch, in dem wir die meisten Meditationen vorfinden. Die Kombination von Gebet, Liedern und Nachsinnen auf der Grundlage dieser Psalmen bot den Israeliten eine Vielfalt von Möglichkeiten, sich der Gegenwart Gottes bewusstzuwerden.

Das Konzept des Nachsinnens im Neuen Testament

Obwohl es im Neuen Testament kein Wort gibt, das mit *nachsinnen* wiedergegeben wird, haben wir Hinweise dafür, dass die frühen Christen Meditation praktiziert haben.

Der einfache Grund dafür ist, dass Jesus, seine zwölf Jünger und Paulus Juden waren – fest verwurzelt im Glauben, in der Tradition und in der praktischen Religionsausübung ihres Volkes. Nachsinnen über Gott war ein fester Bestandteil des jüdischen religiösen Lebens und wurde von den Gläubigen erwartet. Beten im weitesten Sinne schloss das Nachdenken über Gott ein. Eine sorgfältige Untersuchung des Neuen Testamentes bestätigt, dass auch Jesus und die ersten Christen es praktiziert haben.

[4] Aryeh Kaplan, *Jewish Meditation: A Practical Guide,* Schocken Books, New York 1985, S. 40–42.

Ein Beispiel ist der Bericht in den Evangelien über die Erfahrung Jesu in der Wüste, die ihn auf seinen Dienst vorbereiten sollte, und die wir oft als „die Versuchungen" bezeichnen (siehe Mt 4,1–11; Lk 4,1–13). Die Berichte erwähnen zwar nur eine einzige geistliche Übung, nämlich das Fasten (Mt 4,2; Lk 4,2), aber Beten und Nachsinnen waren meistens mit dem Fasten verbunden. Wenn man den ganzen Abschnitt liest, wird deutlich, dass es dabei um Jesu Identität und Auftrag ging. Vor Beginn seines Dienstes musste sich Jesus völlig darüber klarwerden, wer er ist, was er tun, und wie er es tun sollte. Er fand Antworten auf diese Fragen in den hebräischen heiligen Schriften. Obwohl er keine Schriftrollen bei sich hatte, antwortete er Satan immer mit Texten daraus. „Es steht geschrieben", sagte er stets. Offensichtlich hatte Jesus – wie viele Juden seiner Zeit auch – große Teile der Schriften auswendig gelernt und in den 40 Tagen, in denen er geprüft und auf die Probe gestellt wurde, gründlich über sie nachgedacht. Deshalb konnte er den Versuchungen Satans, denen eine falsche Interpretation der Bibel zugrunde lag, die wahre Bedeutung der biblischen Aussagen entgegensetzen. Jesu langes und intensives Nachsinnen über Texte der Heiligen Schriften ließen ihn nicht nur ihre tiefe Bedeutung verstehen, sondern verhalfen ihm auch dazu, ihre Lehren für sich persönlich anzunehmen und ihre Wahrheiten auf seinen Dienst anzuwenden.

Dieses Beispiel macht deutlich, was echte christliche Meditation, so wie Jesus sie praktizierte, für den Gläubigen tun kann.

Und Jesus nahm sich nicht nur selbst Zeit zum Nachsinnen, sondern forderte die Menschen in seinen Lehren auf, es ebenfalls zu tun. Sie sollten fünf Dinge beherzigen, die entweder selbst eine Art des Nachsinnens sind oder aber in ihrem Leben die Frucht des Nachdenkens hervorbringen.

1. Jesus rief die Menschen dazu auf, die Augen aufzumachen und zu überlegen, was sie sehen. „Seht euch die Vögel an!", sagte er, und: „Seht euch an, wie die Lilien auf den Wiesen blühen!" (Mt 6,26.28 Hfa) Und dann erklärte er ihnen, was man von den Vögeln und Lilien für das eigene Leben und das Vertrauen auf Gott lernen kann – wenn man sorgfältig über sie nachdenkt und sie nicht bloß flüchtig betrachtet.

2. Jesus forderte seine Zuhörer oft zum Hören auf. Am Ende der Bergpredigt nannte er den, der seine Worte hört und danach handelt, „weise“ (Mt 7,24 Hfa). Das Hören ist für ihn offensichtlich mehr als bloßes Zuhören oder verstandesmäßiges Erfassen. Seine Worte zu *hören* bedeutet, über sie nachzudenken, sie innerlich zu verarbeiten, auf das eigene Leben anzuwenden und zu befolgen.

3. Jesus rief die Menschen auf zu gehorchen. Oft gab er ihnen direkte Anweisungen, besonders seinen Jüngern. Zwar kann Gehorsam auch ein automatisches, angelerntes Verhalten sein, über das man nicht weiter nachdenkt; der Gehorsam, den Jesus meinte, ist aber etwas anderes. Der Aufforderung an Simon und Andreas, ihm nachzufolgen (Mk 1,16.17), war bestimmt etwas vorausgegangen. Jesus hatte ja schon angefangen zu predigen und war bereits bekannt. Seine zukünftigen Jünger hatten sich schon Gedanken über ihn gemacht und über einige Dinge nachgedacht. Wenn ein erwachsener Mensch an einem Wendepunkt seines Lebens steht, überlegt er sich doch sicher gründlich, ob er diesen Schritt tun soll.

4. Jesus rief die Menschen auf, zu sehen und zu verstehen. Er hat in seinem Dienst viele Gleichnisse erzählt, um seinen Hörern Einblicke zu geben in die Natur, in seine Aufgabe und in das Reich Gottes. Es liegt aber im Wesen der Gleichnisse, dass sich ihr Sinn erst erschließt, wenn man über sie nachdenkt. „Das Geheimnis des Reiches Gottes“ (Mk 4,11 LB) zu verstehen, das durch die Gleichnisse offenbart wird, erfordert sorgfältiges Nachsinnen und tiefe Einsicht. Das fehlende Verständnis auf Seiten der Jünger für die Ereignisse am Ende des Wirkens Jesu zeigt, dass sie über seine Gleichnisse und Lehren nicht genügend nachgedacht hatten, sodass ihr Sehen und Verstehen noch fehlerhaft waren.

5. Jesus rief die Menschen auf zu gedenken. Altes und Neues Testament bezeugen, wie wichtig das Gedenken an die wichtigen israelitischen Feste war, die an Gottes mächtige Taten für sein Volk erinnerten. Es war daher ganz natürlich, dass Jesus bei der Einsetzung des Abendmahls sagte: „Tut das zur Erinnerung an mich.“ (Lk 22,19c NL) Die Teilnahme am Abendmahl würde die Erinnerung an dieses Ereignis wieder wachrufen und Anlass sein, erneut über seine Bedeutung nachzudenken. Es belebt unser Glaubensle-

ben, wenn wir uns das Leben und Tun Christi durch Rituale und Meditation vor Augen führen und uns seiner Gegenwart bewusstwerden.[5]

Ganz in diesem Sinne riet Ellen White im Buch *Das Leben Jesu:* „Es wäre gut für uns, täglich eine stille Stunde über das Leben Jesu nachzusinnen. Wir sollten es Szene für Szene nehmen, besonders die letzten, und unsere Vorstellungskraft benutzen, um sie zu erfassen. Wenn wir uns auf diese Weise mit seinem Opfer für uns befassen, wird unser Vertrauen zu ihm beständiger sein, größere Liebe zu ihm erweckt werden und wir werden tiefer mit seinem Geist erfüllt werden."[6] Das sind die Wirkungen christlicher Meditation.

Zusammenfassend können wir sagen, dass Jesus nicht für eine bestimmte Form der Meditation plädierte. Ich denke, er ging davon aus, dass seine jüdischen Hörer schon mit verschiedenen Formen vertraut waren. Aber er lehrte, predigte und handelte so, dass man nachsinnen musste, wenn man seine Botschaft verstehen und ihm nachfolgen wollte.

Die offensichtliche Schlussfolgerung lautet: Die Bibel lehrt, dass wir über Gott bzw. Christus nachsinnen müssen. Gott erwartet das von seinen Kindern, denn es ist notwendig, damit wir sein Wort tiefer verstehen und in unserem Leben anwenden können.

Was ist christliches Meditieren?

Mir gefällt Peter Toons kurzgefasste Definition christlicher Meditation: „vom Verstand ins Herz gehen". Er schreibt: „Meditation ist ein bestimmter Weg, um das offenbarte, dynamische Wort Gottes aus dem Verstand ins Herz zu verlagern, damit sich der Wille Gottes Führung anvertraut. Sie ist zwar mit intellektuellem Bibelstudium und dem Beten verwandt, aber nicht identisch."[7]

Dieser ausgezeichneten Definition würde ich gern noch zwei Gedanken hinzufügen. Erstens: Jesu Hinweis auf die Lilien und andere Dinge aus der Natur legen den Gedanken nahe, dass nicht

[5] Zu den Punkten 1, 2, 4 und 5 vgl. Peter Toon, S. 47f.

[6] *Das Leben Jesu* bzw. *Der Eine – Jesus Christus,* S. 67 (rev.).

[7] *From Mind to Heart: Christian Meditation Today,* S. 10.

nur Gottes Wort der Gegenstand des Nachsinnens sein soll, sondern auch – wenn auch zweitrangig – Dinge der von ihm erschaffenen Natur.

Zweitens: Wir können auf sehr unterschiedliche Art und Weise nachsinnen. So wie das Beten kann auch das Meditieren sowohl individuell als auch in Gruppen stattfinden. Ich werde weiter unten anhand eines Beispiels zeigen, wie eine Gruppe gemeinsam über die Heilige Schrift nachdenken kann. Nachsinnen kann auch bedeuten, im Laufe des Tages einen Bibeltext im Stillen oder mit leiser Stimme mehrmals zu wiederholen. Aber natürlich kannst du dir auch Zeit nehmen für eine „stille Stunde" in deinem Arbeitszimmer oder im Wald, um gründlich über Gottes Wort und Wirken nachzusinnen. Diese und weitere Methoden können christliche Meditation sein. Schließlich kannst du auch eigene Methoden entwickeln.

Zweck und Nutzen des Meditierens

Meditieren ist ein Schlüssel zum Verständnis und zur praktischen Anwendung des Wortes Gottes. Es gehört zu einem ernsthaften Bibelstudium dazu. Viele Christen *lesen* nur in der Bibel. Wenn man aber ihren tiefen Sinn verstehen will, kann das Lesen nur der erste Schritt sein. Der zweite Schritt ist das *Behalten* des Gelesenen und der dritte das *Nachsinnen.* Der vierte Schritt besteht im *Gedenken,* worunter die Bibel stets etwas Aktives versteht, das dem Gehorchen nahekommt (vgl. 2 Mo 20,8 mit 5 Mo 15,12). Insgesamt handelt es sich um einen Prozess, in dessen Verlauf wir zu „Tätern des Wortes" werden und nicht bloß Hörer bleiben (Jak 1,22; Röm 2,13) Durch Nachsinnen werden die zu Hause gelesenen oder in der Gemeinde gehörten Worte zu einer das Leben verändernden Kraft.

Meditieren ist eine wichtige Komponente des Gebetes. Indem es uns zeigt, was uns aus Sicht der Bibel fehlt, und indem es uns Anliegen zeigt, kann es uns zum Beten führen. Das Meditieren kann uns die Nöte anderer Menschen ans Herz legen und uns so zur Fürbitte führen. Schließlich ist es auch eine gute Vollendung des Betens, wenn wir uns auf Gottes Verheißungen berufen und seinen Segen erbeten haben. Und wenn wir einmal nicht wissen, was oder wie wir beten sollen, können wir einfach ruhig in Gottes Gegenwart verharren und die Gedanken auf ihn richten. Auf all diesen Wegen ist Meditieren also ein notwendiger Partner des Gebetes.

Meditieren ist ein Schlüssel, um die Gegenwart Gottes zu praktizieren. Viele lesen zur Andacht eine Seite in einem Andachtsbuch und sprechen ein kurzes Gebet, in dem sie Gott ihre Bedürfnisse und Wünsche mitteilen. Nachsinnen dagegen beruhigt – es dämpft unsere Eile, korrigiert unsere Oberflächlichkeit, lässt uns auf Gott hören, seinen Willen erkennen und seine Gegenwart spüren.

Jede Form des Meditierens macht uns ruhiger und lenkt unsere Aufmerksamkeit auf geistliche Dinge. Es schaltet Ablenkungen ab und richtet unsere Gedanken auf Gott. Alles, was uns hindert, Gottes Gegenwart wahrzunehmen, schalten wir ab und konzentrieren unsere Aufmerksamkeit auf Gottes „Kanal". So werden wir still und können in seine Gegenwart treten in einer Weise, wie es nicht möglich ist, wenn wir in Eile sind und nur oberflächlich Andacht halten.

Meditieren ist eine Quelle des Lebens und der Gesundheit für Leib, Seele und Geist in einer Welt voller Stress. Die meisten von uns führen ein getriebenes und rastloses Leben. Meditieren bremst uns. Es ist wie eine Oase der Stille und des Ausruhens in Gott mitten in unserem hektischen Leben. Solche Pausen fördern nicht nur unser geistliches Leben, sondern sind auch ein Segen für unseren Körper, unsere Emotionen und unseren Verstand.

Zusammenfassend kann man sagen: *Meditieren ist der Schlüssel zum Wachstum in christlicher Frömmigkeit.* Gott fordert uns nicht auf nachzusinnen, nur weil er es so will. Vielmehr ist Nachsinnen ein Geschenk Gottes, mit dessen Hilfe wir mit ihm kommunizieren können, damit wir in der Frömmigkeit wachsen und unsere Bereitschaft zunimmt, ihm und anderen Menschen zu dienen.

Östliche und westliche Meditation

Mit der wachsenden Beliebtheit der New Age-Bewegung und fernöstlicher Religionen in Europa und Nordamerika sind immer mehr Fragen über das Meditieren aufgekommen. Was viele Christen früher kaum beachtet haben, empfinden sie nun als Bedrohung, weil sie fürchten, dass falsche Lehren in die Gemeinde eindringen.

Meine Antwort lautet: Meditation kann – ebenso wie die Musik – sowohl Gutes als auch Böses bewirken. In der Hand Gottes führt sie zu innerem Wachstum und ist eine Quelle der Inspiration; Satan dagegen benutzt sie dazu, Menschen in die Irre zu führen oder gar zu zerstören. Wie unterscheidet sich fernöstliche und New Age-Meditation von christlicher Meditation?

Die Unterschiede stammen von gegensätzlichen Vorstellungen über Gott. Östliche Religionen sind monistisch, eine Form des Pantheismus. Er besagt, dass Gott in allem gegenwärtig ist; er ist ein unpersönliches kosmisches Bewusstsein – also keine Person, wie der christliche Gott. Östliche Meditation versucht, in Kontakt mit dem göttlichen Bewusstsein in uns selbst zu treten und ihn zu vertiefen. Das Ziel ist in den meisten Fällen ein Bewusstseinszustand ohne Denken – das Ausleeren des Selbst und die Erfahrung eines mystischen Bewusstseins tief im Innern.

Christliche Meditation dagegen sucht die Gemeinschaft mit einem persönlichen Gott, der durch seinen Geist zu uns kommt und in uns wohnt, wenn wir ihn dazu einladen. Sie beginnt mit dem Nachdenken über Gott, über sein Wort und sein Wirken; aber das ist nicht alles. Östliche Meditation sucht nach dem „wahren" Selbst; christliche Meditation hat zum Ziel, vom wahren Gott erfüllt zu sein und durch ihn umgewandelt zu werden.

Östliche Meditation	**Christliche Meditation**
geht von einem unpersönlichen, kosmischen Bewusstsein aus;	geht von einem persönlichen, lebendigen Gott aus;
will dem Denken entfliehen;	beginnt mit Nachdenken;
will im eigenen Inneren das kosmische Bewusstsein und sich selbst finden.	möchte Gott begegnen und persönliche Gemeinschaft mit ihm pflegen.
Die Bibel hat in ihr keinen Platz.	Die Bibel steht im Mittelpunkt.

Es gibt manchmal auch gewisse Ähnlichkeiten zwischen östlichen und christlichen Formen des Meditierens. Bestimmt könnten sich Christen von der Hingabe, mit der die Gläubigen vieler östlicher Religionen meditieren, inspirieren lassen. Und beide Formen – östliche und christliche Meditation – wirken sich positiv auf die Gesundheit aus. Ihre philosophische Basis und ihr Ziel unterscheiden sich jedoch grundlegend voneinander; das darf man nie vergessen.

Meine größte Sorge ist allerdings, dass das Misstrauen gegenüber dem Meditieren viele Christen dazu verleitet, die christlichen Formen dieser wunderbaren geistlichen Übung zu vernachlässigen und sie dadurch seiner Segnungen verlustig gehen. Es gibt kaum einen besseren Weg, Anhänger fernöstlicher Meditation zu erreichen als dadurch, dass man sie zu wahrer christlicher Meditation einlädt.

Wie wir christlich meditieren

Es gibt dazu eine Fülle von Möglichkeiten. Zwei wichtige Methoden will ich näher beschreiben, damit du eine Vorstellung davon bekommst, was du tun kannst. Natürlich kannst du sie nach Belieben modifizieren und deinen Bedürfnissen und Neigungen anpassen.

Die erste ist eine abgewandelte Form einer alten christlichen Methode, die der evangelische Theologe August Hermann Francke (1663–1727) in seiner Schrift *Kurzer Unterricht, wie man die Heilige Schrift zu seiner wahren Erbauung lesen sollte,* dargelegt hat. Ich benutze sie gern, weil man sie sowohl für sich allein als auch in Gruppen leicht anwenden kann. Oft begegne ich Menschen, die erst dann bereit sind, für sich allein zu meditieren, wenn sie damit gute Erfahrungen in einer Gruppe gemacht haben. In meinen Seminaren habe ich von dieser Methode Gebrauch gemacht, um meine Studenten mit dem Meditieren bekanntzumachen und ihnen zu helfen, den Wert dieser geistlichen Übung zu erkennen. Ich gebe ihnen einige Anweisungen (Näheres weiter unten) und erkläre ihnen, wie jeder sie seinen eigenen Bedürfnissen anpassen kann.

Suche einen geeigneten Bibeltext aus. Wenn du noch keine Übung mit dieser Form des Nachsinnens hast, sollte es ein kurzes Bibelwort sein – nur ein Satz oder sogar nur ein Teil eines Satzes, aber keinesfalls mehr als ein Vers. Einfache, allen bekannte Worte sind zum Beispiel: „Ich bin das Licht der Welt" (Joh 8,12), oder: „Also hat Gott die Welt geliebt, dass er seinen eingeborenen Sohn gab" (Joh 3,16), oder: „Der HERR ist mein Hirte, mir wird nichts mangeln" (Ps 23,1).

Achte auf den Ort und die Körperhaltung. Es sollte irgendein Ort sein, an dem du möglichst ungestört bist. Vielleicht musst du Fenster und Türen schließen, um Geräusche abzuhalten, denn in der Stille wirkt jede Unterbrechung besonders störend. Wenn wir solche Übungen mit einer Gruppe machen, müssen Zuspätkommende draußen warten, bis die Zeit des Meditierens beendet ist. Die Teilnehmer sollen eine bequeme Haltung einnehmen, damit sie ihre Position nicht oft ändern müssen. Für die meisten bedeutet das: Aufrecht sitzen, Rücken gerade, beide Füße auf dem Fußboden, Hände lose im Schoß oder auf den Oberschenkeln.

Beginne mit einem kurzen Gebet um Christi Gegenwart, Führung und Schutz vor allen schlechten oder bösen Einflüssen. Wir kommen zur Ruhe und öffnen uns Gott, damit alles, was geschieht, unter seiner Leitung steht. Das Gebet macht uns innerlich still und schafft den Rahmen für ein fruchtbares Nachsinnen.

Hilf den Teilnehmern, sich ganz auf die gegenwärtige Situation als Vorbereitung auf das Hören des Wortes Gottes einzustellen. Diese Phase soll Ablenkungen auf ein Minimum reduzieren und den Teilnehmern helfen, sich ganz auf das Wort Gottes zu konzentrieren. Fordere sie auf, die Augen zu schließen, sich ganz bewusst zu entspannen und jeden Rest von körperlicher Anspannung Jesus zu übergeben. Oft ist es die Schulter- und Nackenmuskulatur, die noch der Auflockerung bedarf. Von Zeit zu Zeit sollten die Teilnehmer tief ein- und ausatmen oder einfach nur ihre Atmung wahrnehmen. Ich erinnere sie auch daran, dass wir Jesus eingeladen haben, gegenwärtig zu sein und er gern mit denen zusammen ist, die ihn willkommen heißen und sein Wort schätzen. Ich ermutige die Teilnehmer, seine Gegenwart zu genießen.

Lies das ausgewählte Bibelwort mehrere Male, denke darüber nach und reagiere darauf. Wenn Studenten zum ersten Mal an dieser geistlichen Übung teilnehmen, weise ich sie darauf hin, dass ich den Bibeltext dreimal vorlesen werde. Ich beginne stets mit den Worten „Höre des Herrn Wort“ und lese ihn dann langsam und ausdrucksstark vor. Es folgt eine Zeit der Stille. Dann stelle ich eine Frage; wer möchte, darf eine kurze Antwort geben – nicht mehr als einen Satz. Die Kürze zu betonen ist wichtig – insbesondere, wenn die Gruppe groß ist. Wenn die Abstände zwischen den Wortmeldungen größer werden oder niemand mehr antwortet, lese ich das Bibelwort ein zweites Mal vor. Es folgen wieder die Zeit der Stille, meine zweite Frage und kurze Antworten. Der dritte Durchgang läuft nach demselben Muster ab.

Meine drei Fragen verfolgen ein bestimmtes Ziel; aber natürlich kannst du sie je nach Bedarf abändern. Die erste lautet einfach: „Was sagt Gott in diesem Bibeltext?“ Sie fordert zum Nachdenken über den Text und über den Zusammenhang auf, in dem er steht. Die zweite Frage zielt schon auf die persönliche Anwendung: „Was sagt dieser Text dir persönlich?“ Die dritte Frage berührt nicht nur die persönliche Anwendung, sondern verlangt eine aktive Antwort auf das Wort Gottes. „Welches Gebot oder welche Aufforderung zum Handeln erkennst du in diesem Text“? Ich habe auf diese Fragen ganz erstaunliche Antworten bekommen; wir haben erlebt, wie der Geist Gottes an den Herzen arbeitet und Menschen bewegt, die Worte der Heiligen Schrift auf sich zu beziehen.

Diese Übung kann jeder auch für sich allein machen. Er liest den Bibeltext selbst oder nimmt ihn vorher auf und spielt ihn ab und beantwortet dann die drei (oder mehr) Fragen – entweder laut oder er schreibt die Antworten auf, sodass er später darauf zurückkommen kann. In der Gruppe ist es leichter, die Umgebung zu vergessen, weil man sich nicht um das Lesen oder Schreiben des Textes oder um die Fragen zu kümmern braucht. Aber mit etwas Übung kann man diese Form des Meditierens leicht lernen.

Danke zum Abschluss Gott im Gebet für sein Wort und seine Führung. Dies ist ein guter Weg, die Erfahrung zu einem Höhepunkt und Abschluss zu bringen. Danach kann jeder die Augen wieder öffnen und sich nach Belieben bewegen.

Unter Umständen können sich die Gruppenmitglieder anschließend auch über die Erfahrung austauschen, die sie gerade gemacht haben. Es können Fragen gestellt und der Nutzen und die Herausforderungen des Meditierens besprochen werden. Ich habe bemerkt, dass deren Wiederholung das positive Ergebnis vergrößert.

Eine unvergessliche Erfahrung mit dieser Methode habe ich mit einer Gruppe von 14 Studenten in unserer täglichen Andachtszeit während eines zweiwöchigen Seminars für Doktoranden gemacht. Zehn Tage meditierten wir gemeinsam über Jeremias Berufung (siehe Jer 1,4–19). Der Abschnitt war für Pastoren besonders gut geeignet, denn sie brauchen die ständige Erneuerung ihrer göttlichen Berufung. Nach den zehn Tagen erklärten alle Studenten, Jeremia 1 würde für sie immer ein ganz besonderes Kapitel bleiben. Die Worte des Propheten waren für sie lebendig geworden, und sie hatten eine Erneuerung ihrer eigenen Berufung erlebt, als sie über diese Bibeltexte nachsannen.

Eine andere Methode des Meditierens ist die Visualisierung. Zwar werden Visualisierung und Imagination von manchen Leuten missverstanden oder missbraucht, aber sie können auch eine sehr nützliche Hilfe beim Meditieren sein. Sie können zwar dazu missbraucht werden, Menschen zu manipulieren, aber ebenso vermögen sie auch Gottes Wort oder die Natur mit Leben zu erfüllen. Innere Bilder können einerseits zu nutzlosen Tagträumereien führen, uns andererseits aber auch helfen, die biblischen Geschichten besser zu verstehen und schätzen zu lernen.

Auch die Visualisierung sollte sich auf die Heilige Schrift oder die Natur beziehen. Schon der gesunde Menschenverstand sagt uns: Wenn Christus dazu aufforderte, die Lilien auf dem Felde anzuschauen, dann müssen wir entweder eine solche blühende Pflanze in der Hand haben oder uns daran erinnern, wie sie aussieht, also ein mentales Bild zu Hilfe nehmen. Wie können wir uns an die Taten Gottes erinnern, wenn wir sie nicht an unserem inneren Auge vorüberziehen lassen? Oder wie kann man über die Leiden Christi nachsinnen, wie Ellen White uns empfahl (siehe weiter oben), ohne sich innerlich vorzustellen, was damals geschehen ist? Wenn sie richtig genutzt werden, sind ein geheiligtes Vorstellungsvermögen und die Visualisierung – wenn sie von der Heiligen Schrift geleitet werden – ein großer Gewinn für das geistliche Leben.

Besonders hilfreich ist diese Methode für das Verständnis biblischer Geschichten. Immer wieder habe ich eine Bereicherung meines Bibelstudiums und meines geistlichen Lebens erfahren, wenn ich mir die Schilderung bildlich vorgestellt und die Ereignisse quasi selbst noch einmal durchlebt habe. Ich habe auch erlebt, wie durch eine korrekte Benutzung dieser Methode das Leben von Menschen verändert wurde.

Eine der eindrucksvollsten Erfahrungen mit dieser Methode habe ich mit einer Gruppe gemacht, die ich aufgefordert hatte, eine Stunde lang über die Geschichte der Geburt Jesu in Lukas 2 nachzusinnen. Die Studenten durften nur die Bibel benutzen. Sie konnten die Erzählung so oft lesen, wie sie wollten, sollten aber die meiste Zeit darauf verwenden, über sie zu meditieren. Ich ermutigte sie, sich die Szenen bildlich vorzustellen, die Worte und Geräusche zu hören, die Düfte wahrzunehmen – sozusagen alles selbst mitzuerleben und sich dabei zu fragen, was sie am liebsten getan hätten, wenn sie tatsächlich dabei gewesen wären.

Am Tag darauf erzählte uns eine der Teilnehmerinnen, wie sie diese Stunde erlebt hatte. Sie war verheiratet, hatte aber keine Kinder, und schilderte uns, dass es ihr erst ganz zum Schluss klargeworden war, was sie am liebsten getan hätte: Das Baby in den Arm zu nehmen. Aber dann sei ihr plötzlich bewusstgeworden, dass sie den Heiland der Welt in den Armen hält. Und sie schilderte sehr eindrucksvoll, wie diese Erzählung, die sie seit der Kindheit viele Male gehört hatte, für sie mit neuem Leben erfüllt worden war und sie ganz neu beeindruckt hatte. Die Geschichte und der Jesus der Geschichte hatte sie nun innerlich bewegt und verändert.

Zum Schluss habe ich eine dringende Bitte an dich: Lass dich nicht länger davon abhalten, diese von Gott geschenkte Möglichkeit zu nutzen, mit Gott zu kommunizieren und tiefer in sein Wort einzudringen. Versuche es einfach und erlaube Gott, auf diese Weise zu dir zu sprechen. Gib dich aber nicht mit einem einmaligen Versuch zufrieden. Probiere es einen ganzen Monat lang aus – vielleicht auch in einer Gruppe. Beschäftige dich mit dieser Methode und verändere sie so, wie du es für dich brauchst – und du wirst erleben, dass dein geistliches Leben bereichert wird.

Kapitel 6

Die Bibel studieren – sich führen lassen

„Als ich während einer geistlichen Rüstzeit über meine Vergangenheit nachdachte, kamen mir die Tränen. Ich weinte, weil ich Gottes Führung in meinem Leben erkannte."

„Gott vermag unseren Geist neu zu beleben und unsere zerbrochene Seele zu heilen."

Geistliche Mitpilger

Meditieren ist eine Möglichkeit, um Gottes Wort zu verstehen und seine Stimme zu hören. Hier folgt nun ein Kapitel über die Führung durch Gott – denn beides gehört zusammen. Die Bibel zu studieren und dabei auf Gottes Führung zu achten sind ebenso wie das Meditieren unverzichtbar, wenn es um die Kommunikation mit Gott geht, auf der ja alles geistliche Leben beruht.

Obwohl bei vielen Christen das Bibelstudium nicht auf großes Interesse stößt, ist es den meisten jedoch ein Anliegen, von Gott geführt zu werden. Zu studieren und Gottes Führung zu erfahren hängen jedoch eng miteinander zusammen. Ich habe bemerkt, dass Studenten, die vor Entscheidungen stehen, sich oft fragen, was Gottes Wille für ihr Leben ist. Als ich an der Andrews-Universität lehrte, wurde unter den Studenten eine Umfrage zu diesem Thema durchgeführt. Die von ihnen am häufigsten gestellte Frage lautete: „Wie erkenne ich Gottes Willen für mein Leben?"

Ein vor einigen Jahren erschienener christlicher Bestseller von Henry Blackaby und Claude King trägt den Titel *Experiencing God.*

Der Untertitel verdeutlicht, worum es in diesem Buch geht: *Wie man das Abenteuer erlebt, Gottes Willen zu erkennen und auszuführen.*[1] Mit anderen Worten: Es geht um Führung – wie erkenne ich den Willen Gottes für mein Leben?

Meiner Meinung nach spielt dabei die geistliche Disziplin des Studierens – insbesondere das Bibelstudium – eine wichtige Rolle. Wir lesen die Bibel und andere geistliche Literatur, damit wir Gottes Absichten mit den Menschen und jedem Einzelnen von uns erfahren. Darum werden wir uns jetzt zuerst mit dem Bibelstudium beschäftigen und danach der Frage nachgehen, wie es uns helfen kann, Gottes Willen für unser Leben zu erkennen.

Echtes Bibelstudium

Die meisten Menschen und selbst Studenten werden mir Recht geben, wenn ich sage: Was wir als Studieren bezeichnen, ist oft nur eine ziemlich oberflächliche Beschäftigung mit einem Thema. Ein hastiges Vollstopfen des Kurzzeitgedächtnisses mit Fakten für Prüfungen trägt aber nur wenig dazu bei, unserem Geist Konzepte zu vermitteln oder Einfluss auf unser Leben zu nehmen. Tatsächlich hat schulisches und universitäres Studieren kaum etwas mit dieser geistlichen Disziplin zu tun.

Echtes Bibelstudium schließt das Hören auf Gott ein; es ist etwas ganz anderes, als die wissenschaftliche Untersuchung eines Textes. Theologen und Theologiestudenten vertiefen sich oft in die Exegese (ein Wort aus dem Griechischen, das „herausführen" bedeutet – gemeint ist: aus dem Text). Exegese ist das gewissenhafte Bemühen, die Bedeutung des Textes durch die Untersuchung der Worte, des Inhalts und des historischen Hintergrundes zu erfassen. Exegese kann beim Bibelstudium zwar eine Rolle spielen; zu echtem Bibelstudium gehört jedoch mehr als Exegese, nämlich die persönliche Auseinandersetzung mit dem Inhalt und die praktische Anwendung des Erkannten im eigenen Leben. Das Ziel des Bibelstu-

---

[1] Henry T. Blackaby und Claude V. King, *Experiencing God, How to Live the Full Adventure of Knowing and Doing the Will of God,* Brodman and Holman, Nashville 1994.

diums ist die innere Umwandlung – befähigt zu werden, ein Leben nach Gottes Willen und zu seiner Ehre zu führen.

Studieren ist mehr als das Lesen von Büchern oder Texten oder das Hören von Vorträgen (also das Studieren von Worten). Aus geistlicher Sicht gehört dazu auch das Nonverbale – die Aktionen, Prozesse und Ereignisse in unserer Umwelt. Und – wichtiger noch – es schließt auch eine gründliche Analyse unseres eigenen Denkens und Handelns ein. Gotteserkenntnis und Selbsterkenntnis gehen Hand in Hand. Ein lohnenswertes Studium bedeutet eine sorgfältige Analyse aller dieser Aspekte und ist der Versuch, Gottes Stimme zu hören, seinen Willen zu verstehen und das Erkannte im eigenen Leben anzuwenden. Diese Art des Studierens ist heute nur noch selten anzutreffen, könnte aber – wenn sie weiter verbreitet wäre – unser Leben und unsere Gesellschaft verändern.

Manche gehen nicht über die analytischen, rationalen und logischen Aspekte des Studierens hinaus. Andere begnügen sich mit einem oberflächlichen Verständnis von Bibelaussagen, ohne sie sorgfältig und gründlich analysiert zu haben. Das Ergebnis entspricht dann möglicherweise nicht der Wahrheit und dem Willen Gottes, sondern stellt nur Halbwahrheiten und Teillösungen dar.

Der Theologe Richard Foster ist der Meinung, dass zum echten Studieren vier Schritte gehören.[2]

1. Wiederholung. Niemand kann irgendetwas gründlich studieren, ohne sich immer wieder damit zu beschäftigen. Ein guter Lehrer wiederholt, was von Bedeutung ist. Die Rituale der alttestamentlichen Religion wurden immer wieder vollzogen, um sie dem Verstand einzuprägen und das Nachsinnen darüber zu fördern. Das Abendmahl wird regelmäßig gefeiert, weil über seine Bedeutung gründlich nachgedacht werden sollte. Es ist besser, ein gutes Buch zweimal zu lesen und es sich zu eigen zu machen, als zwei gute Bücher nur einmal zu lesen und kaum etwas davon in Erinnerung zu behalten. Ein Bibelabschnitt muss vor dem Studieren häufig gelesen werden – auch in verschiedenen Übersetzungen.

---

[2] Richard J. Foster, *Celebration of Discipline, The Path to Spiritual Growth*, HarperCollins, New York 1978; auf Deutsch: *Nachfolge feiern: Geistliche Übungen neu entdeckt*, SCM R. Brockhaus, Wuppertal 2010.

2. Konzentration und aufmerksames Hinhören. Man kann nicht wirklich studieren, wenn man mit den Gedanken nicht dabei ist, abgelenkt wird oder gleichzeitig mit anderen Aufgaben beschäftigt ist. Fernsehen und Studieren schließen einander aus. Je konzentrierter der Verstand, umso erfolgreicher ist das Studium.

3. Verstehen. Wenn wir etwas nicht verstehen, dürfen wir nicht einfach darüber hinweggehen, sondern müssen versuchen, es zu begreifen. Was uns zunächst rätselhaft erscheint, aber nach gründlichem Studium klar wird, bekommt für uns oft eine besondere Bedeutung. Unverständliches sollten wir nicht als lästiges Hindernis betrachten, sondern als Gelegenheit, daran zu wachsen.

4. Nachdenken und Anwenden. Das erfordert Zeit und Hingabe. Das Nachdenken bewahrt uns davor, uns auf plötzliche Eingebungen zu verlassen oder vorschnell zu urteilen und versetzt uns in die Lage, wirklich hinzuhören. Sich in das Geschehen hineinzuversetzen (wie ich es im vorigen Kapitel erklärt habe) und über die Anwendung nachzudenken hilft uns, nicht beim Verstehen stehenzubleiben, sondern das Verstandene praktisch anzuwenden. Nur dann wird das Studium tatsächlich im Leben gute Früchte tragen.

Ein gründliches Bibelstudium beinhaltet drei prinzipielle Schritte: 1. Die Bedeutung der Aussagen in der damaligen Situation herauszufinden. 2. Daraus die zeitlosen Wahrheiten oder Handlungsprinzipien abzuleiten. 3. Diese auf uns bzw. die heutige Situation anzuwenden. Dabei ist es unerlässlich, Fachbücher oder Kommentare zu benutzen, die uns Informationen über die Wortbedeutungen und die damaligen Umstände geben. Zu letzterem reichen vielfach schon die erklärenden Bücher von Ellen G. White aus.[3]

Da es viele gute Bücher mit Anleitungen zum gründlichen Bibelstudium gibt,[4] werde ich mich hier nicht näher damit befassen.

---

[3] Vor allem die Bände der sogenannten Entscheidungsserie (*Patriarchen und Propheten, Propheten und Könige, Das Leben Jesu, Das Wirken der Apostel*), die weiterhin ungekürzt als Taschenbücher zu erhalten sind, oder die gekürzten und modernisierten Ausgaben in der Serie „Der Mensch im kosmischen Konflikt“ (*Der Auftakt, Die Erwählten, Der Sieger, Die Botschafter*).

[4] Z. B. Helge Stadelmann und Thomas Richter: *Bibelauslegung praktisch, In zehn Schritten den Text verstehen,* R. Brockhaus-Verlag, Wuppertal 2006. Im *AdventEcho* Nr. 9, 2008, S. 17–20, findet sich der Artikel „Schürfe tiefer“

Ich selbst würde zu den obigen noch einen fünften Punkt hinzufügen, der eigentlich an erster Stelle stehen sollte. Wenn unser Studieren im geistlichen Sinne echt sein soll, müssen wir **eine heilige Absicht** haben. Intellektuelle Neugier und Streben nach Erkenntnis sind zwar an sich nicht schlecht, aber Studieren als geistliche Disziplin muss über bloße Wissbegier und intellektuelle Erkenntnisse hinausgehen. Je stärker der Wunsch in uns ist, Gott und seinen Willen für unser Leben kennenzulernen, umso fruchtbarer wird – geistlich gesehen – unser Bibelstudium sein.

Oft habe ich Folgendes erlebt: Ein junger Adventist fängt an, sich mit der Bibel zu beschäftigen – vielleicht nur aus Neugier oder weil er es für den Unterricht an einer adventistischen Schule oder einem College muss. Er studiert die Bibel, so wie er andere nicht besonders interessante Textbücher studiert; sie ist für ihn ein Buch wie jedes andere. Aber dann geschieht etwas: Er trifft eine Entscheidung für Jesus und nun liest er die Bibel, als wäre sie ein völlig neues Buch. Die Worte der Bibel werden für ihn lebendig und dringen tief in sein Herz ein. Zwischen dem Text und seinem Fühlen und Denken entsteht eine feste Bindung. Er bittet den Heiligen Geist immer wieder, ihm dabei zu helfen, Gottes Willen zu verstehen. Das ist der Beginn eines neugeborenen geistlichen Lebens – eine spirituelle Revolution.

Viele von uns lesen zu viel und studieren zu wenig. Ich beobachte an mir selbst, dass ich immer weniger neue Bücher lese und mir stattdessen die Bücher, die mir wichtig geworden sind, ein zweites Mal vornehme.

Was immer du auch tun magst – Studieren im geistlichen Sinne ist unverzichtbar für jeden, der Jesus hören und ihm folgen will. Es ist auch ein Schlüsselelement, um von Gott geführt zu werden.

Hindernisse, sich von Gott führen zu lassen

Wenn ich mich mit Christen darüber unterhalte, wie Gott uns führt, finde ich, dass viele auf der einen oder anderen extremen Seite stehen. Es gibt einerseits jene, die sich schwer damit tun, überhaupt

von Lee Gugliotto, der Tipps zum Bibelstudium gibt. Siehe www.advent-verlag.de, Periodika, AdventEcho (Archiv), 2008, September 2008.

an eine göttliche Führung zu glauben. Manche mögen zwar an die allgemeine Führung Gottes und die Offenbarung seines Willens glauben, haben sie aber noch nicht selbst bewusst erlebt.

Am anderen Ende stehen jene, die ständig von Gottes Willen reden und immer genau und bis ins Detail zu wissen scheinen, was er gerade von ihnen erwartet. Gott sagt ihnen angeblich sogar, was sie heute anziehen oder wo sie parken sollen. Das verunsichert die Anderen noch mehr und schreckt sie regelrecht ab.

Ich empfehle eine Position zwischen diesen Extremen. Ich glaube fest daran, dass Gott uns führt – manchmal auch im Detail – aber ich weiß auch, dass sein Wille nicht immer sofort und nicht immer leicht erkennbar ist, sondern manchmal erst nach sorgfältiger Kommunikation zwischen ihm und uns oder nachdem sich seine Führung im Laufe der Zeit auf ganz unterschiedliche Art und Weise oder durch positive Erfahrungen bestätigt hat.

Wer geführt werden möchte, dem stellen sich einige Hindernisse in den Weg. Wenn man sie kennt, ist es leichter, sie zu überwinden.

Eile und Ungeduld behindern Gottes Führung. In einer Zeit, in der alles schnell gehen muss, wollen die Leute auch Gottes Führung sofort erleben. Manche reden vielleicht mit Gott, finden aber nur wenig oder keine Zeit, ihm zuzuhören. Schweigen, Stille und ein nachdenklicher, aufgeschlossener Geist gehören nicht zu ihrem Beten. Sie gleichen Leuten, die zwar an die Tür klopfen, aber weglaufen, bevor der Hausherr sie öffnen kann.

Unglaube ist ein Hindernis, um geführt zu werden. Wenn du nicht glaubst, dass Gott in dein Leben eingreifen möchte, macht es keinen Sinn, um seine Führung zu bitten. Manche Menschen bekennen sich zwar zum christlichen Glauben, denken in Wahrheit aber wie säkulare Menschen, die leugnen, dass Gott in unser Leben eingreift. Wer nicht an Gottes Führung glaubt, wird sie weder erstreben noch erkennen – es sei denn, Gott selbst erscheint ihm.

Unwissenheit ist ein Hindernis für Gottes Führung. Wie bei den anderen geistlichen Disziplinen wurde manchen Christen nie erklärt, wie Gott uns führen kann. Es fehlt ihnen an Unterrichtung; sie haben daher keine Ahnung, wie sie Gottes Willen erkennen oder seine Stimme hören können. Dieses Kapitel soll das beheben.

Angst hält viele Christen davon ab, sich von Gott führen zu lassen. Manche befürchten, dass sie Gottes Willen nicht wirklich erkennen können oder in die Irre geführt werden, Andere, dass Gott etwas Ungewöhnliches oder Unangenehmes von ihnen verlangen könnte. Viele sind sich nicht sicher, ob sie Gottes Willen überhaupt befolgen wollen; dann ist es doch besser, ihn gar nicht zu kennen. Und wieder Andere erschrecken bei der Vorstellung, wie ihr Leben wohl sein würde, wenn sie Gott wirklich folgen und seinen Willen erfüllen. Derartige Ängste können das Denken eines Christen so beherrschen, dass sie ihn daran hindern, ernsthaft nach Gottes Führung zu suchen.

Selektives Hören kann ein Problem sein. Es ist möglich, Gottes Willen nur in angenehmen Angelegenheiten zu suchen (z. B. wenn es darum geht, den richtigen Lebenspartner zu finden), während Gott uns auch auf unsere Sünden hinweisen will und auf das, was wir wirklich brauchen. Manche wollen das aber gar nicht hören. Gott kann jedoch nicht wirklich zu uns reden, wenn wir nicht bereit sind, auf alles zu hören, was er uns sagen möchte.

Auch die fehlende Bereitschaft, die angebliche Führung zu überprüfen, kann ein Hindernis sein, von Gott geführt zu werden. Die Bibel gibt uns Entscheidungshilfen, um herauszufinden, ob das, was wir für Gottes Stimme halten, tatsächlich seine Stimme ist (am Ende des Kapitels erläutere ich das). Wenn wir nur nach dem ersten Eindruck urteilen und uns nicht die Zeit nehmen, wirklich Führung zu erfahren, werden wir Fehler machen. Wir werden Enttäuschungen erleben und künftig davor zurückschrecken, Gottes Willen für unser Leben in Erfahrung bringen zu wollen.

Wer ernsthaft nach Gottes Willen fragt, wird sich durch solche Schwierigkeiten nicht daran hindern lassen zu lernen, Gottes Stimme sorgfältig und absichtlich wahrzunehmen. Er ist offen für Gott und erwartet und wünscht sich, dass er zu ihm spricht. Ich bin überzeugt, dass Gott ihn nicht enttäuschen, sondern ihm antworten wird, wenn er gebeten wird. Er tut es auf ganz verschiedene Art und Weise. Und jeder, der nach Gottes Willen fragt und ihn befolgt, findet einen solchen Frieden und eine solche Erfüllung, wie er sie auf andere Weise nicht erfahren kann.

Wie wir von Gott geführt werden

Von den Tausenden Möglichkeiten, wie sich Gott uns mitteilen kann, finden sich im Folgenden einige. Oft benutzt er mehrere Wege, um sich uns verständlich zu machen.

Gott spricht durch die Bibel. Er vermittelt uns durch seine Gebote die Erkenntnis, nach welchen Prinzipien wir unser Leben führen sollen. Mit ihrer Hilfe lässt sich in den meisten moralischen Angelegenheiten Gottes Wille erkennen.[5] Gott benutzt die Bibel aber auch in anderer Weise. Wenn wir sie unter Gebet und mit der Bereitschaft studieren, seinen Willen zu befolgen, kann der Heilige Geist uns zu ganz neuen Einsichten führen. Die meisten von uns haben das sicher schon erlebt: Wir lesen einen Abschnitt, den wir schon oft gelesen oder gehört haben, und plötzlich berührt etwas in diesem Text mit aller Macht unser Herz. Wir gewinnen eine neue Einsicht; der Geist erschließt unserem Inneren Gottes Wort; wir sind gesegnet und werden geführt. Wenn wir – wie George Whitefield – die Bibel auf den Knien unter Gebet lesen, machen wir diese Erfahrung vielleicht öfter. Es geht beim Bibelstudium eben nicht nur um Fakten und Informationen, sondern um das Hören auf Gottes Stimme, die unser Leben verändern will.

Stille, Abgeschiedenheit und Ruhe ermöglichen es Gott, zu uns zu sprechen. Ich habe in diesem Buch schon wiederholt dargelegt, dass die Kommunikation mit Gott ein Dialog sein muss. Wer von Gott geführt werden will, darf nicht nur reden, sondern muss ihm auch zuhören. Aber um wahrhaft zuhören zu können, müssen wir still sein und andere Stimmen zum Schweigen bringen. Das gelingt am besten in der Abgeschiedenheit. Deshalb hat Jesus sie auch oft gesucht (siehe Mk 1,35; 6,46); einsame Hügel und andere abgelegene Orte schufen die nötige Distanz zwischen ihm und dem Geschrei sowohl der Bedürftigen als auch seiner Feinde und erleichterten es Jesus, sich auf die sanfte, leise Stimme seines Vaters im Himmel zu konzentrieren. Wir würden alle sehr davon profitieren, wenn wir

---

5 Ausführlich dazu siehe Harald Weigt, *So verhalte ich mich richtig!? Vom Umgang mit den Geboten Gottes, dem Gewissen und der Entscheidungsfreiheit*, Advent-Verlag, Lüneburg 2008, Kap. 1–3.

einen leicht erreichbaren Ort fern vom Lärm der Umwelt hätten – selbst wenn es nur eine kleine Kammer wäre, wie Jesus empfahl (siehe Mt 6,6). Die dort verbrachte Zeit kann uns mehr neue Kraft geben als irgendetwas anderes.

Auch die Stimme des in uns wohnenden Heiligen Geistes kann uns leiten. Ich meine damit nicht einen flüchtigen Eindruck, sondern ein inneres Drängen, das uns in eine bestimmte Richtung weist. Man kann das nur schwer beschreiben. Es fühlt sich an, als ob Gott dir einen kräftigen Schubs gibt; es kommt aus deinem tiefsten Inneren und nicht aus deinem Vorderkopf. Ich habe es meistens dann erlebt, wenn ich mit Menschen zu tun hatte. Entweder hatte ich das Gefühl, dass ich mit jemandem reden sollte, mit dem ich es gar nicht geplant hatte, oder in einem Gespräch drängte es mich plötzlich, etwas zu sagen, das ich eigentlich gar nicht äußern wollte, aber das sich im Nachhinein als das rechte Wort zur rechten Zeit erwies. Oder ich befand mich in einem Buchladen oder einer Bibliothek und mein Blick fiel auf ein bestimmtes Buch oder eine Zeitschrift – und plötzlich wusste ich: *Dieses Buch enthält eine Botschaft für mich.*

Um sich vor Irrtümern zu schützen und um auszuschließen, dass es sich bei solchen Eingebungen um ganz natürliche Gefühle oder Gedanken handelt, müssen wir sie einer Prüfung unterziehen – und zwar nach Kriterien, die wir gleich erörtern werden.

Ein geistliches Tagebuch kann bei der Führung durch Gott eine große Hilfe sein. Es geht dabei nicht darum, das ganze Tagesgeschehen zu beschreiben, wie das sonst in einem Tagebuch üblich ist (obwohl das dazugehören kann), als vielmehr die eigene geistliche Entwicklung schriftlich festzuhalten. Wir fragen nach dem Sinn und der Bedeutung der alltäglichen Ereignisse.

Manche Menschen ziehen einen großen Gewinn aus solch einem Tagebuch und kommen von selbst auf diese Idee. Für andere ist das Aufschreiben zunächst recht mühsam und zeitaufwendig und wird erst im Laufe der Zeit zu einem machtvollen geistlichen Impuls. Auch mir selbst ist es so ergangen. Zuerst kam es mir albern vor, alles aufzuschreiben, bis ich anfing, nach dem Sinn und der Bedeutung der äußeren Ereignisse zu fragen und meine innere Entwicklung zu beschreiben.

Ein Tagebuch dieser Art kann uns in mehrfacher Hinsicht helfen, Gottes Willen in Erfahrung zu bringen und seine Führung zu erleben. Zunächst erinnert es uns daran, was Gott für uns getan hat, und lässt uns darüber nachsinnen. Wenn wir über den vergangenen Tag nachdenken und dabei erkennen, wann Gott uns besonders nahe war, können wir neue Einsichten in sein Handeln und seine Führung gewinnen.

Ich selbst wende die Tagebuchmethode jeden Tag an, um mich von Gott führen zu lassen, und gehe dabei ganz einfach vor: Zuerst schreibe ich alles auf, was mir wichtig erscheint; dann halte ich inne und bete: „Herr, gibt es irgendetwas, was du mir sagen willst?“ Das hat sich in meinem Leben als außerordentlich segensreich erwiesen, und ich freue mich darauf, regelmäßig zu hören, was Gott zu sagen hat. Manchmal ist es nur sehr wenig. Oft ist die Botschaft auch ganz allgemein gehalten, zum Beispiel „Lebe in meiner Liebe.“ Manchmal ist sie aber auch sehr spezifisch: „Jon, du hast dich in letzter Zeit zu wenig um deine Frau gekümmert.“ Wenn Gott eine dringende Botschaft für mich hat, die mir viel abverlangt, kann es sein, dass ich sie immer wieder zu hören bekomme. Als bei mir kürzlich Krebs festgestellt wurde, merkte ich, wie ungeduldig ich bin und dadurch mich selbst und Andere unter Druck setze. In meinem Tagebuch lese ich, dass Gott wiederholt zu mir gesagt hat: „Ganz ruhig!“ oder: „Langsamer!“ oder: „Ruhe in mir!“ Er hat mir klargemacht, dass mein ständiges Drängen ein Mangel an Vertrauen in seine Führung und seine Fähigkeit ist, das Nötige zur rechten Zeit zu tun.

Gott kann sich uns auch durch Träume oder Visionen mitteilen. In der Bibel finden wir zahlreiche Beispiele dafür – nicht nur im Leben der Propheten und Apostel. Marias Mann Joseph wurde mehrmals durch einen Traum geführt (siehe Mt 1,20; 2,13.19). Joel sah eine Zeit voraus, in der „eure Alten … Träume haben und eure Jünglinge Gesichte sehen“ werden (Joel 3,1). Petrus erklärte in seiner Pfingstpredigt, dass sich Joels Weissagung erfüllt habe (siehe Apg 2,16.17). Das impliziert, dass auch heute Menschen durch Träume und Visionen geführt werden können.

Aufgrund ihrer Geschichte und Kultur lehnen viele westliche Christen dieses Mittel göttlicher Führung ab und wollen nichts damit zu tun haben. Träume und Visionen – so meinen sie – könnten leicht missbraucht werden, und man könne sich auch leicht selbst etwas vormachen. Interessanterweise schätzen Christen anderer Kulturen – insbesondere in Afrika und Asien – diese Form göttlicher Führung sehr und sie kommt dort auch regelmäßig vor. Wenn ich im Unterricht am Theologischen Seminar der Andrews-Universität über Visionen und Träume spreche, sind die Studenten aus anderen Ländern ganz begeistert und erinnern sich sofort an Begebenheiten, bei denen Gott Menschen auf diese Weise geführt hat.

Interessanterweise hat Gott Träume und Visionen auch benutzt, um zu Menschen zu sprechen, die keine Nachfolger Jesu waren. Dafür gibt es eine Reihe biblischer Beispiele. König Nebukadnezar erhielt von Gott einen Traum (siehe Dan 2) dessen Inhalt noch heute zum Repertoire adventistischer Evangelisten, Pastoren und missionseifriger Gemeindeglieder gehört. Der römische Hauptmann Kornelius wurde durch einen Traum auf Petrus verwiesen, den er holen lassen und anhören sollte (siehe Apg 10,1–6.30–33).

Ich habe mich einmal lange mit einem Missionar unterhalten, der viele Jahre in einem nordafrikanischen Land tätig war. Offiziell war er als Pastor der dort lebenden Europäer tätig, aber es lag ihm auch sehr am Herzen, den einheimischen Muslimen von Jesus zu erzählen. Evangelisationen waren verboten, daher betete er, Gott möge die Menschen, die seine Botschaft hören sollten, zu ihm schicken. Und tatsächlich kamen Leute zu ihm: Sie sprachen ihn an, wenn er in der Stadt unterwegs war oder suchten ihn zu Hause oder im Gemeindegebäude auf. Die meisten hatten vorher Träume oder Visionen gehabt. Sie hatten im Traum den Missionar gesehen und eine Stimme gehört, die sie aufforderte, ihn aufzusuchen. Anderen war in einer Vision das Hinweisschild auf die Adventgemeinde gezeigt worden und sie hatten den Auftrag bekommen, dort nach der Wahrheit zu suchen. Im ersten Jahr schickte Gott auf diese Weise 20 Leute zu dem Pastor – überwiegend Studenten.

Wir sollten also offen dafür sein, dass Gott auch zu uns durch Träume und Gesichte sprechen möchte.

Die Natur kann uns Gottes Willen mitteilen. Zwar beziehen sich Gottes Offenbarungen in der Natur eher auf allgemeine Dinge, aber wir sollten darauf achten und uns bewusst sein, dass Gott auch auf diese Weise zu uns spricht. Manchmal will er uns dadurch empfänglich machen für weitere Mitteilungen. Die meisten von uns haben schon einmal beim Anblick majestätischer Gebirge oder herrlicher Landschaften die Macht und Größe Gottes empfunden. Jesus griff immer wieder auf Beispiele aus der Natur zurück, um geistliche Wahrheiten zu lehren; es ist nur folgerichtig anzunehmen, dass er das auch heute noch tut.

Vielen Menschen, die sich in einer Krise befinden oder wichtige Entscheidungen treffen müssen, hilft es, an einen landschaftlich schönen Ort zu gehen und dort die Nähe Gottes zu suchen.

Im Dienst für Andere kann sich uns Gottes Wille erschließen. Ich beobachte immer wieder, dass viele junge Leute ihre von Gott gegebene Berufung gefunden haben, als sie sich im Dienst für andere Menschen engagierten. Wenn du meinst, du würdest gern an einer christlichen Schule lehren, dann probiere es aus. Und wenn du dich für Krankenpflege interessierst, aber dir noch nicht sicher bist, ob du diesen Beruf wirklich ergreifen sollst, dann versuche, ein Praktikum machen zu dürfen.

Und wer bereits im Dienst für Andere tätig ist, dem offenbart Gott manchmal, was er tun soll – sofern er auf dessen Stimme achtet. Wenn ich Predigten ausarbeite, ist es manchmal offensichtlich, dass Gott mir die Worte eingibt, die ich sagen soll, obwohl ich es bin, der sie niederschreibt. Auch wenn ich mit Menschen rede, die meinen Rat suchen, spreche ich manchmal nicht meine eigenen Worte und Gedanken aus, sondern das, was mir Gottes Geist eingibt. Wenn wir anderen Menschen dienen, offenbart uns Gott seinen Willen und führt uns.

Gott führt uns manchmal auch durch die Umstände. Ein verpasster Zug oder Flug, ein zufälliges Zusammentreffen, ein unerwartetes Ereignis – alles kann ein Hinweis darauf sein, dass Gott uns etwas sagen möchte. Es hat lange gedauert, bis ich das gelernt habe. Heute stören mich unvorhergesehene Ereignisse nicht mehr so wie früher. Ich weiß aus Erfahrung, dass Gott oft solche Dinge benutzt, um uns in eine Richtung zu lenken, die wir selbst nie eingeschlagen hätten.

Beten und Fasten spielen eine wichtige Rolle, um Gottes Führung zu erfahren. Wir haben über Beten bereits ausführlich gesprochen und werden es bezüglich des Fastens im übernächsten Kapitel noch tun, sodass ich an dieser Stelle nur wiederholen möchte, dass Beten und Meditieren uns darauf einstimmen sollen, Gottes Stimme zu hören, damit wir seine Führung wahrnehmen und die Kraft haben, ihr zu folgen.

Gott kann uns durch gläubige Menschen führen. Wenn wir vor einer schwierigen Entscheidung oder Herausforderung stehen und uns fragen, was Gottes Wille für uns ist, sind wir meist gut beraten, mit Anderen darüber zu sprechen und ihren Rat einzuholen. Es kann eine einzelne Person sein – zum Beispiel ein einfühlsamer Ehepartner oder ein weiser geistlicher Berater. Manchmal ist es aber auch eine Gruppe von Leuten aus der Gemeinde, die uns gut kennt.

In Richard Fosters Buch über die geistlichen Disziplinen wird Führung unter den gemeinsamen geistlichen Übungen aufgeführt.[6] Der Autor ist der Meinung, wir hätten uns zwar viel mit der individuellen Führung befasst, dabei aber die Führung durch eine Gruppe von Christen vernachlässigt.

Foster kann dafür ohne Zweifel biblische Gründe anführen. Jesus machte zum Beispiel deutlich, was geschieht, wenn Gläubige in geistlichen Angelegenheiten eins sind (siehe Mt 18,19.20). Auch die Berufung von Paulus und Barnabas zum missionarischen Dienst geschah während einer Versammlung von Gläubigen, die gemeinsam beteten und fasteten (siehe Apg 13,1–3). Und Apostelgeschichte 15 zeigt, wie sich Leiter angesichts schwieriger Probleme, vor die sich die Gemeinde gestellt sieht, um Gottes Führung bemühen können.

Die Quäker führen eine Art Beratungstreffen (meetings for clearness) durch, in denen jeder, der ein Problem hat, seine Glaubensgeschwister um Rat fragen kann. Er erklärt, worum es geht, die Gruppe betet und nimmt dann zu dem Problem Stellung. Selbst wenn nicht sofort eine klare Antwort gefunden wird, weiß der Fragestel-

[6] *Celebration of Discipline* (auf Deutsch: *Nachfolge feiern: Geistliche Übungen neu entdeckt*), S. 175f.

ler doch eine Gruppe von Menschen hinter sich, die für ihn beten und ihm helfen, Gottes Willen zu erkennen.

Wenn diese Methode, Gottes Führung nicht individuell sondern gemeinsam zu suchen, allgemein anerkannt wäre, würde das auf die Arbeit von Gemeindeausschüssen und anderen kirchlichen Entscheidungsgremien ein ganz neues Licht werfen. Was würde wohl geschehen, wenn alle Ausschussmitglieder ihre Sitzungen dazu nutzen würden, sich gemeinsam von Gott führen zu lassen, statt zu versuchen, ihre eigenen Ideen und Pläne für die Gemeinde bzw. Kirche durchzusetzen? Sie würden zweifellos mehr beten, mehr anbeten und demütiger sein – und so öfter Gottes Stimme hören.

Es wäre für uns ein großer Segen, wenn wir häufiger danach streben würden, uns gemeinsam von Gott führen zu lassen.

Die vermeintliche Führung einer Prüfung unterziehen

Wenn wir überzeugt sind, dass Gott mit uns kommuniziert und uns führen will, dann müssen wir uns auch Gedanken darüber machen, wie wir die vermeintlich göttliche Führung überprüfen können. Wie können wir sicher sein, dass wir wirklich von Gott geleitet werden und nicht von unseren eigenen Wünschen oder – schlimmer noch – von dämonischen Mächten? Zwar können wir das nicht wissenschaftlich untersuchen, aber es gibt einige biblische Grundsätze und vernünftige Überlegungen, die uns bei der Lösung dieser Frage helfen können.

Wege, die Gott uns heute führt, stehen nicht im Widerspruch zu dem, wie er in der Vergangenheit Menschen geführt hat. Unsere wichtigste Orientierungshilfe ist die Bibel. Für Christen, die ihre Autorität anerkennen, ist sie der Prüfstein aller neuen Offenbarungen. Würde zum Beispiel jemand behaupten, Gott habe ihm mitgeteilt, ich sollte mich von meiner Frau scheiden lassen und meine Sekretärin heiraten, hieße das, dass Gott ihm etwas anderes offenbart hat, als die Bibel lehrt. Ich muss seine Botschaft also zurückweisen.

Weise Menschen, die in einer lebendigen Beziehung zu Gott stehen, können uns oft helfen, die vermeintliche Führung zu bewerten. Wie bereits erwähnt, kann uns Gott auch durch gottesfürchtige

Menschen führen. Deshalb können sie uns auch helfen zu prüfen, ob eine Botschaft von Gott kommt. Das ist auch einer der Gründe dafür, dass es die Gemeinschaft der Gläubigen gibt. Sie soll uns helfen, unseren Weg als Christen zu finden und zu gehen.

Auch vernünftige Überlegungen können uns weiterhelfen. Wer zum Beispiel behauptet, Gott möchte, dass er oder sie als Gospelsänger(in) auftritt, muss eine gute Gesangsstimme haben. Wenn das nicht der Fall ist, darf man diese angebliche Berufung mit Recht infrage stellen. Man muss fragen, ob die angebliche Führung mit den Fähigkeiten, Begabungen und der Situation der betreffenden Person übereinstimmt. Natürlich kann Gott auch ein Wunder wirken und jemandem plötzlich Fähigkeiten verleihen, die er vorher nicht besaß (dafür gibt es allerlei Beispiele). Auch das müssen wir in unsere Überlegungen mit einbeziehen.

Wir müssen uns auch fragen, ob die Führung, die wir heute zu erleben glauben, mit dem übereinstimmt, wie er uns in der Vergangenheit geleitet hat. Haben wir Führungen erlebt, die sich später als echt erwiesen haben? Wenn wir beide Fragen mit Ja beantworten können, ist es wahrscheinlicher, dass auch eine neue Führung göttlichen Ursprungs ist.

Die geistige Verfassung, in der wir uns befinden, wenn wir Gott bitten, uns zu führen, kann ebenfalls eine wichtige Rolle spielen. Wenn wir unter Stress stehen, übermüdet sind oder uns in einer schwierigen Situation befinden, ist es schwerer, Gottes Stimme zu hören. Die Irrtumswahrscheinlichkeit wächst mit der Intensität des Stresses und der Belastungen. Es kann ratsam sein zu warten, bis der Druck nachlässt und wir uns darauf konzentrieren können, Gottes Stimme wahrzunehmen.

Noch eine letzte Bemerkung: Nach meiner Erfahrung führt Gott anfangs nur uns selbst und gebraucht uns nicht sofort, um Andere zu führen. Wenn jemand gleich zu Beginn seiner Erfahrungen mit göttlicher Führung behauptet, er habe eine Botschaft von Gott für Andere, bin ich skeptisch. Solche Botschaften bezeichnen wir als Prophetie und nicht als Führung. Gottes Wille und Führung für uns selbst zu erkennen geht dem Empfang von Botschaften für Andere sicher voraus.

Zusammenfassung

Gott möchte uns im Leben führen. Wenn du wirklich glaubst, dass Gott die Liebe ist (1 Joh 4,8), wirst du auch von ihm geführt werden wollen und alles tun, um das zu ermöglichen. Ein erfülltes Leben führen zu können wächst mit deiner Bereitschaft, dich von ihm führen zu lassen.

Es sind einige Gläubige zu mir gekommen, die besorgt waren, dass sie nicht auf Gottes Botschaft geachtet oder sie vielleicht gar abgelehnt haben und deshalb nicht mehr in Übereinstimmung mit seinem Willen leben. Meine Botschaft für sie ist: Es liegt Gott sehr viel daran, dass wir seine Stimme hören; deshalb wendet er sich immer wieder an uns. Er redet nicht nur einmal zu uns und sagt – wenn wir seine Botschaft nicht hören oder ignorieren – achselzuckend: „Selbst schuld – du hattest deine Chance."

Ein Beispiel dafür ist Gottes Ruf an den Jungen Samuel. Anfangs meinte er, er habe nur die Stimme des Hohenpriesters Eli gehört. Er hielt Gottes Stimme sogar dreimal für die Stimme eines Menschen. Bisher hatte er noch keine Botschaften von Gott empfangen; er kannte also Gottes Stimme nicht. Schließlich aber befolgte Samuel den Rat seines geistlichen Mentors Eli und sagte: „Rede, denn dein Knecht hört." Und nun konnte er Gottes Botschaft hören (siehe 1 Sam 3,2–10). Und auch an das abtrünnige Volk Israel hat Gott immer wieder durch die Propheten seine Botschaften gesandt (siehe 2 Chr 36,15) oder sie durch Gerichte aufmerksam gemacht, dass sie auf einem verkehrten Weg waren.

Ich möchte damit sagen: Gott spricht nicht nur einmal zu uns, sondern immer wieder; er gibt nicht so leicht auf. Wenn wir bereit sind, auf Gott zu hören, und er eine wichtige Botschaft für uns hat, richtet er sie so oft an uns, wie es nötig ist. Er möchte ja, dass wir sie hören; und deshalb sendet er sie nicht nur immer wieder an uns, sondern gebraucht auch andere Menschen, um uns darauf aufmerksam zu machen, dass er uns etwas sagen will. Wenn wir uns das vor Augen halten, können wir ohne zu zögern immer wieder um seine Führung bitten und sicher sein, dass er antwortet, damit wir in Übereinstimmung mit seinem Willen leben können.

Kapitel 7

Gemeinschaft mit Christen pflegen

„Auf unserem Glaubensweg befinden wir uns immer in Gesellschaft anderer gläubiger Menschen.“

„Die Versuchungen wurden immer stärker, und mir wurde klar, warum: Ich war einsam. Also riefen meine Frau und ich eine kleine Gruppe ins Leben … und mein Verdacht bestätigte sich: Was ich vermisst hatte, war die Gemeinschaft.“

„Die Gebete meiner Kleingruppe haben mir zu nennenswerten Fortschritten in der Heilung frühkindlicher emotionaler Traumatisierung verholfen und auch zum Sieg über den Tabak!“

Geistliche Mitpilger

Im ersten Kapitel der Bibel lesen wir: „Und Gott, der Herr, sprach: Es ist nicht gut, dass der Mensch allein lebt.“ (1 Mo 2,18 Hfa) Deshalb erschuf er Eva, die erste Frau.

Es war von Anfang an für niemanden gut, immer allein zu sein. Alleinsein kann zwar zeitweise hilfreich sein, muss aber immer wieder von Zeiten der Gemeinschaft abgelöst werden. Gottes Volk war stets eine Gemeinschaft – eine Gruppe von Gläubigen, die aneinander Anteil nahmen und sich gegenseitig halfen. Im geistlichen Leben ist die Gemeinschaft ganz besonders wichtig.

Unsere Beziehung zu Gott kann damit anfangen, dass wir lernen, durch Gebet, Nachsinnen und Studieren mit ihm zu kommunizieren. Wir versuchen dann, durch Fasten, die Stille suchen und ein einfacheres Leben, die Kommunikation davor zu bewahren, statisch zu werden (Näheres dazu in Kapitel 8 und 9). Und schließlich fragen wir uns: „Wie können wir im christlichen Leben durchhalten und geistlich wachsen?“ Hier kommt die Gemeinschaft ins Spiel, die Verbundenheit mit anderen Christen. Gemeinschaft hat viele Funktionen, aber im geistlichen Leben besteht ihre wichtigste Aufgabe darin, uns zum Wachstum anzuspornen und uns zu ermutigen, auf dem „schmalen Weg“ (Mt 7,14) voranzugehen, indem wir uns mit unseren geistlichen Mitpilgern treffen. Ein Freund hat mir berichtet: „Ich habe schon oft angefangen zu joggen; aber dabeigeblieben bin ich nur, wenn ich es zusammen mit Anderen getan habe.“

Die Gemeinschaft, von der wir hier sprechen, ist nicht identisch mit der örtlichen Gemeinde. Manche Gemeinden bilden tatsächlich eine Gemeinschaft, aber viele sind soziale Gebilde, in denen es keine echte Verbundenheit gibt. Von Gemeinschaft kann man nur reden, wenn in einer Gruppe das Gefühl vorherrscht, dass „einer des anderen Last“ trägt (Gal 6,2) und alle „in Liebe aufeinander achthaben“ – wie es bei den frühen Methodisten hieß (vgl. Hbr 10,24) – mit dem Ziel, einander in der Nachfolge Jesu zu unterstützen. Damit das geschehen kann, darf die Gruppe nicht zu groß sein. Wirkliche gegenseitige Hilfe und geistliches Wachstum finden in Gruppen von drei bis zwölf Personen statt, vielleicht auch noch in einer Haus- oder Zellgemeinde. Darum wollen wir solche kleinen Gruppen näher untersuchen und fragen, welche Bedeutung sie für das Leben als Christ haben.

Kleingruppen in der Bibel und der Kirchengeschichte

Jesus verbrachte den größten Teil seiner Zeit mit einer kleinen Gruppe von zwölf Personen. Die Auswahl dieser Personen war so entscheidend wichtig, dass er eine ganze Nacht im Gebet verbrachte, bevor er sich endgültig entschied (siehe Lk 6,12). Das Erste, was er ihnen sagte, war, dass „sie bei ihm sein sollten“ (Mk 3,14). Predigen und Heilen würden sie erst später und auch dann nur in enger Gemeinschaft mit Jesus. Er wusste: Wenn er etwas Bleibendes hinterlassen wollte, musste er eine so enge Gemeinschaft mit einigen wenigen Personen herstellen, wie es mit einer großen Gruppe nicht möglich gewesen wäre.[1] Diese enge Verbundenheit gab den Jüngern die Möglichkeit, sich ständig weiterzuentwickeln. Manchmal intensivierte er seine Beziehung zu dreien der zwölf Jünger in besonderer Weise (siehe Mk 5,37; Mt 17,1).

Die ersten Christen beteten zwar auch im Tempel an, kamen aber meistens in Häusern zusammen (siehe Apg 2,42–44). Es gibt archäologische Beweise dafür, dass Kirchen erst seit dem Ende des 3. Jahrhunderts gebaut wurden und vor allem nach der Anerkennung des Christentums durch Kaiser Konstantin (312).[2] Die christlichen Gottesdienste fanden also zunächst in kleinen Gruppen in Privathäusern statt – und das nicht aus Not, sondern weil es die Apostel so beabsichtigten, denn nur so konnte die Gemeinschaft, wie Christus sie wollte, verwirklicht werden.[3] Jemand hat zu Recht behauptet, man könne das Neue Testament überhaupt nicht verstehen, wenn man nicht davon ausgeht, dass die Christen in kleinen Gruppen zusammenkamen, deren Teilnehmer miteinander vertraut waren, sich persönlich kannten und einander liebten.

Interessanterweise versuchen heute manche Kirchen, durch Bildung von kleinen Gruppen wieder echte Gemeinschaft ins Leben zu rufen. Viele wissen gar nicht, wie entscheidend wichtig sie vor allem für das Wachstum und die Aufgaben der „Megagemeinden" sind. Die größte örtliche Gemeinde, die es in der Geschichte des Christentums je gegeben hat – die „Yoido Full Gospel Church" in Seoul (Korea), die von David Yonggi Cho gegründet wurde – setzt ganz auf kleine Hauskreise, wenn es um Jüngerschaft und Wachstum geht. So macht es auch die Willow Creek Community Church, die 1975 von Bill Hybels gegründet wurde – eine der bekanntesten nordamerikanischen Megagemeinden.

Viele dieser Gemeinden lassen sich von den frühen Methodisten inspirieren. John Wesley (1703–1791) hatte erlebt, wie seine „religiöse Gesellschaft" die Grenzen des heimatlichen Großbritannien

[1] Näheres zur Gründung der Gemeinde Christi mit einer Kleingruppe siehe Russell Burrill, *Gemeinschaft, wie Christus sie meint – Die Gemeindestruktur für das 21. Jahrhundert,* Advent-Verlag, Lüneburg 2005, Kap. 4.

[2] John Foster, *The First Advance,* SPCK, London, 1972, S. 20.

[3] Siehe R. Burrill, *Gemeinschaft, wie Christus sie meint,* S. 48–52.

sprengte und sich in der ganzen Welt verbreitete. Eine Zeitlang war sie sogar die größte Glaubensgemeinschaft in Nordamerika. Er hatte ursprünglich nicht die Absicht, eine neue religiöse Organisation zu gründen, sondern wollte nur seine anglikanische Kirche erneuern. Wesley ermutigte die Menschen, in die Kirche zu gehen, teilte sie aber gleichzeitig in kleine Gruppen von maximal zwölf Personen ein, die sogenannten „Klassen".[4] Sie bildeten den Kern der methodistischen Bewegung. Er lehnte es sogar ab, in Kirchen zu predigen, in denen er keine Klassen einrichten durfte.[5] In seinen evangelistischen Versammlungen (meist unter freiem Himmel) rief er selten dazu auf, sich für Christus zu entscheiden, aber er lud jeden ein, sich einer kleinen Gruppe anzuschließen. Wer Mitglied werden wollte, musste nur eine Bedingung erfüllen: Er musste den Wunsch haben, „‚dem künftigen Zorn zu entrinnen' (Mt 3,7), von Gott angenommen zu werden und ein höheres Leben zu führen".[6]

In den kleinen Gruppen erlebten die Gläubigen zweierlei. Einerseits Liebe, Fürsorge und Anteilnahme an ihren geistlichen und alltäglichen Problemen, und andererseits lernten sie, über ihr geistliches Leben Rechenschaft abzulegen. Der Leiter der Gruppe sprach bei den wöchentlichen Treffen immer als erster über seine geistliche Verfassung und bekannte sich zu seinen Problemen und seinem Versagen. Dann forderte er alle Mitglieder der Gruppe nacheinander auf zu erzählen, wie es ihnen ergangen war. Danach betete die Gruppe für alle Teilnehmer und zum Schluss hatte jeder Gelegenheit, etwas zur Unterstützung Anderer zu geben.

Die Dynamik dieser Gruppen war die Triebkraft für die schnelle Ausbreitung des Methodismus. Viele führen seinen Verfall darauf zurück, dass das Gruppensystem aufgegeben und durch die Bildung einer Glaubensgemeinschaft mit sesshaften, bezahlten Pastoren ersetzt wurde. Heute versuchen – wie erwähnt – einige Methodisten, das alte Gruppensystem in modifizierter Form wieder einzuführen, jedoch mit wenig Erfolg.

---

4 Ausführlich dazu siehe *Gemeinschaft, wie Christus sie meint*, Kap. 8.

5 George G. Hunter III, *To Spread the Power*, Abington Press, Nashville 1988, S. 56.

6 Ebenda, S. 57.

Die Bedeutung kleiner Gruppen heute

Ich gebe zu, dass ich skeptisch war, als ich erstmals mit dem Konzept der Kleingruppen bekanntgemacht wurde. Es schien mir eine Zeiterscheinung zu sein, erdacht für einsame Leute, die Gesellschaft brauchten oder eine Therapie nötig hatten. Bald aber wurde mir klar, dass ich (ebenso wie Andere) nur deshalb ein Problem mit diesem Konzept hatte, weil es unter der Bezeichnung „Kleingruppen" eingeführt wurde. Wir sahen darin zunächst nur eine weitere Gemeindeveranstaltung, von denen es ja so viele gab. Der Pastor sollte nun die Bildung kleiner Gruppen fördern und sie auf den Weg bringen. Auch in Zellgemeinden, die aus lauter einzelnen „Zellen" (Kleingruppen) bestehen,[7] oder auch die Hauskreisbewegung kann als bloßes „Gemeindeprogramm" missverstanden werden.

Der eigentliche Wert der kleinen Gruppe liegt jedoch darin, dass ein Christ den anderen wirklich kennt, ihn liebt und ihm hilft – so wie es in der Gemeinschaft der Fall war, die die Apostel gründeten (siehe Apg 2,44–46). Nicht die kleinen Gruppen, Hauskreise und Zellen an sich sind die Lösung des oben angesprochenen Problems der Treue in der Nachfolge Christi, sondern die echte Gemeinschaft und enge Verbundenheit miteinander, die in ihnen stattfinden kann. Wenn wir kleine Gruppen, Hauskreise, Haus- und Zellgemeinden als Einrichtungen sehen, in denen echte Gemeinschaft entsteht und bewahrt wird, sind sie ein entscheidender Teil der Lösung.

Ich scheue mich, einer ganz bestimmten Form kleiner Gruppen das Wort zu reden, weil Gemeinschaft in ganz unterschiedlichen Gruppierungen entstehen kann, sofern ihre Mitglieder die Wichtigkeit der Gemeinschaft erkannt haben und bereit sind, sie in den vorhandenen Strukturen zu verwirklichen. Der Apostel Paulus gründete die ersten christlichen Gemeinschaften ganz bewusst als Hausgemeinden.[8] Das Evangelium Christi anzunehmen beinhaltete für ihn auch, echte Gemeinschaft zu suchen.[9] Gemeinschaft war

---

[7] Siehe *Gemeinschaft, wie Christus sie meint*, S. 124–126.

[8] Siehe ebenda, S. 55f.

[9] Siehe ebenda, S. 56–59, und Robert Banks, *Paul's Idea of Community*, Hendrickson Publishers, Peabody (Massachusetts) 1994, S. 26f.

kein spezielles Programm der christlichen Gemeinde – vielmehr entstand Gemeinde, weil es Gemeinschaft gab.

Diesen Grundsatz anzunehmen und zu verwirklichen hieße, die westlichen Kirchen völlig neu zu konzipieren und zu organisieren. Um zu verstehen, was das praktisch bedeuten würde, brauchen wir uns nur genauer anzuschauen, wie Wesley die Gläubigen organisierte. Es gab drei Strukturebenen. Die oberste war die „Gesellschaft" (*society*): alle Methodisten, die in einem Ort, einer Stadt oder einem geographischen Bezirk lebten. Die oben erwähnten „Klassen" (*classes)* stellten die mittlere Ebene dar; sie bestanden aus höchstens zwölf Personen, die einmal in der Woche zusammenkamen. Die untere Ebene bestand aus den „Banden" (*bands*); wir würden sie heute als Dienstgruppen bezeichnen. Sie waren kleiner als die Klassen; ihre Mitglieder mussten sich verpflichten, eine bestimmte Aufgabe zu übernehmen wie zum Beispiel Gefängnisdienst. Historiker schätzen, dass etwa 20 Prozent der Methodisten einer Bande angehörten; einer Klasse musste aber jeder angehören.

Die mittlere Ebene, also die Klassen, bildete den Kern der wesleyschen Organisation. Wesley forderte immer dazu auf, sich einer Klasse anzuschließen. Der Gesellschaft beitreten und am Abendmahl teilnehmen konnte nur, wer die Karte vorlegen konnte, auf der die regelmäßige Teilnahme an einer Klasse eingetragen war. Die Klassen waren für Wesley das Herzstück der christlichen Gemeinde, weil in ihnen echte Gemeinschaft realisiert wurde.

Für die meisten heutigen Kirchen ist die obere Ebene – bei Wesley die „Gesellschaft", also die Gesamtgemeinde – die Kernorganisation. Auch wenn es in ihnen Hauskreise und Dienstgruppen gibt – vergleichbar den „Banden" der frühen Methodisten –, stellen sie nur eine besonders engagierte Minderheit innerhalb der Kirchen dar und gegenseitige Rechenschaft fehlt meistens. Als der Methodismus sich immer mehr der vorherrschenden Kultur anpasste, rückte auch in ihm die Gesellschaft in den Mittelpunkt, und er verlor seinen einzigartigen Charakter, der durch wahre Gemeinschaft, aufrichtige Jüngerschaft und gegenseitige Liebe gekennzeichnet war.[10]

[10] Siehe D. Michael Henderson, *John Wesley's Class Meeting*, Francis Asbury Press, Nappanee (Indiana), 1997, S. 83–126.

Wie ich bereits in Kapitel 3 erwähnte, gab es im 19. Jahrhundert in den Adventgemeinden Nordamerikas ebenfalls Kleingruppenversammlungen (*social meetings*), die nach dem Muster der methodistischen Klassen abliefen.[11] Sie traten häufig an die Stelle des traditionellen Gottesdienstes, aber nicht nur, weil es zu wenige Prediger gab, die sabbats zu den Gruppen verstreuter Adventisten reisen konnten. Ellen White forderte nachdrücklich, dass die *social meetings* nicht ausfallen sollten, selbst wenn ein Prediger anwesend war, denn die Gemeindeglieder hätten davon mehr Nutzen und Segen als von dem Hören von Predigten. Deshalb sollte öfter die Predigt zu deren Gunsten ausfallen. Sie schrieb:

> Worin besteht der Zweck unserer Zusammenkünfte? … Wir versammeln uns, um einander durch Austausch unserer Gedanken und Empfindungen zu erbauen. Indem wir mit den Hoffnungen und Sehnsüchten unserer Mitgeschwister bekannt werden, sammeln wir Kraft, Erkenntnis und Mut. Durch unsere ernsten, von Herzen kommenden, glaubensvollen Gebete werden wir von der Quelle unserer Kraft erquickt und gestärkt. Diese Versammlungen sollten ein besonderes Erlebnis sein und für alle, die Sinn für religiöse Dinge haben, interessant gestaltet werden …
>
> Alle, die den aufwärts strebenden Weg eines Christen einschlagen, werden Erfahrungen machen, die für andere neu und wertvoll sind. Eine lebendige Erfahrung entsteht aus täglichen Prüfungen, Konflikten und Versuchungen, großen Anstrengungen und Siegen, und großer Freude und tiefem Frieden durch Jesus. Schon der einfache Bericht dieser Erfahrungen gibt Aufschluss, Stärke und Erkenntnis, die anderen Menschen in ihrem geistlichen Wachstum helfen werden.[12]

---

[11] Siehe *Gemeinschaft, wie Christus sie meint*, Kap. 9.

[12] *Aus der Schatzkammer der Zeugnisse*, Bd. I, S. 250f. (rev.; in den Bänden der *Schatzkammer* werden *social meetings* missverständlicher Weise als „Gebetsversammlungen" oder „Erfahrungsstunden" bezeichnet); eine Sammlung und Analyse weiterer Aussagen von Ellen White über diese Gemeinschaftsversammlungen findet sich in *Gemeinschaft, wie Christus sie meint*, Kap. 10.

Wenn wir wieder die lebensverändernde Macht der geisterfüllten ersten Gemeinde erleben wollen, die die geistlichen Disziplinen praktizierte, muss eine Wiederbelebung echter Gemeinschaft stattfinden. Denn nur in einer solchen Gemeinschaft kann geistliche Entwicklung erfolgen. Darum ist sie unverzichtbar für das geistliche Leben und der einzige Weg zu anhaltendem Wachstum.

Wie wir echte Gemeinschaft verwirklichen können

Einige Schwierigkeiten, die mit der Verwirklichung christlicher Gemeinschaft verbunden sind, haben wir bereits besprochen; ich bin überzeugt, dass sie überwunden werden können. Im letzten Abschnitt dieses Kapitels werde ich einige allgemeine Prinzipien erörtern, die uns helfen können, echte Gemeinschaft zu realisieren, und danach ein Beispiel aus meiner Unterrichtspraxis schildern.

Entwickle eine Vorstellung von echter Gemeinschaft und ihre Bedeutung für das geistliche Leben. Lies die Apostelgeschichte und achte darauf, wie sehr in ihr die Gemeinschaft eine Rolle spielt. Schlage alle Bibelstellen im Neuen Testament auf, in denen das Wort „einander" vorkommt, denn es impliziert Gemeinschaft. Lies auch das hervorragende Buch von Russell Burrill *Gemeinschaft, wie Christus sie meint,* und beschäftige dich mit anderen Freikirchen oder Glaubensgemeinschaften, in denen es echte christliche Gemeinschaft gibt. Überzeuge dich von der Kraft kleiner Gruppen. Eine neue Praxis wird am ehesten durch eine klare Vision von dem, was sein sollte und werden kann, hervorgebracht.

Bitte Gott, dich beim Aufbau einer Gruppe zu leiten, der du auch selbst angehörst. Du musst dich nicht einer anderen Kirche anschließen oder die Gruppen aufgeben, zu denen du gehörst. Bete darum, dass Gott dich mit einigen Leuten zusammenführt, mit denen du über deine Vision echter Gemeinschaft sprechen kannst. Dein Handeln wird dein Reden darüber glaubwürdig machen.

Beachte wichtige Grundregeln für fruchtbare Gruppen. Es geht nicht um Strukturen, sondern um echte Gemeinschaft. Daher müssen einige Grundregeln beachtet werden. Zunächst muss sich jeder verpflichten, zu den wöchentlichen Treffen zu erscheinen. Wenn du jemanden einlädst, sich der Gruppe anzuschließen, rate ihm zu einer Probezeit von vier bis sechs Wochen. Viele scheuen davor zurück, sich zeitlich unbegrenzt zu etwas zu verpflichten, das sie noch nicht kennen. Die Struktur der Gruppe kann unterschiedlich sein, aber drei Grundsätze gelten immer: Ehrlichkeit/Offenheit, Liebe/Fürsorge und das Prinzip der gegenseitigen Verantwortlichkeit. Niemand sollte gezwungen werden, über sein Leben zu sprechen; aber wer es tut, muss ehrlich sein. Gegenseitige Fürsorge und Anteilnahme muss sichtbar werden, und wie in Wesleys Klassen soll Rechenschaft abgelegt werden über die Entwicklung des eigenen geistlichen Lebens. Es ist selbstverständlich, dass alles, was in der Gruppe gesagt wird, vertraulich behandelt wird. Und wichtig ist es, Prinzipien der Gruppenleitung zu kennen und zu beherrschen.[13]

Suche dir einen Mentor. Bitte einen erfahrenen Pastor oder Gruppenleiter (er sollte in Themenzentrierter Interaktion [TZI] ausgebildet und erfahren sein) um Hilfe. Informiere dich in Büchern oder im Internet und lerne Gruppenleitung in TZI-Seminaren. Bleibe aufgeschlossen für neue Ideen. Aber vor allem halte dich an die besprochenen Grundregeln, denn sie machen den Unterschied aus.

Seit vielen Jahren leite ich regelmäßig einen Kurs am Theologischen Seminar über Spiritualität. Es war mir von Anfang an klar, dass Gemeinschaft dabei eine entscheidende Rolle spielen musste; daher arbeitete ich ständig daran, ihn so zu strukturieren, dass die Studenten echte Gemeinschaft selbst erleben konnten. Es stellte sich schließlich heraus, dass dieses Ziel am besten zu erreichen war, wenn wir zu Beginn des Kurses während einer eintägigen Klausur kleine Gruppen von je vier Studenten bildeten. Abgesehen von einer kurzen gemeinsamen Andacht und Pausen für Mahlzeiten und körperlicher Bewegung verbrachten die Studenten den Tag folgendermaßen: Es gab drei stille Zeiten von je einer Stunde, in der jeder für sich allein nachdachte. In der ersten Stunde sollte er sich bewusstmachen, wie Gott ihn in der Vergangenheit geführt hatte, in

[13] Siehe die Hinweise zur Gruppenleitung in „Prinzipien des Lernens in Gruppen“; von der Internetseite des Advent-Verlags (www.advent-verlag.de) herunterzuladen unter Service / Downloads, Pastoren, Material für Bibelkreise (Username und Passwort können beim Verlag per E-Mail erfragt werden).

der zweiten sollte jeder über seine derzeitige Lebenssituation nachdenken und sich in der dritten über seine Hoffnungen und Träume für die Zukunft klarwerden und sie beschreiben.

Nach jeder Periode des Schweigens und Schreibens, trafen sie sich eine Stunde lang in ihren Vierergruppen und teilten einander mit, welche Einsichten sie während der stillen Zeit beim Nachdenken gewonnen hatten. Alle wussten, dass sie sich während des laufenden Quartals einmal wöchentlich in dieser Gruppe begegnen würden; sie waren daher interessiert, sich kennenzulernen. Die drei Stunden intensiver Gruppengespräche über ihre Vergangenheit, Gegenwart und Zukunft führten zu einer tiefen Verbundenheit miteinander. Am Ende des Tages beteten sie füreinander, umarmten sich und tauschten ihre Telefonnummern aus. Es war Gemeinschaft entstanden, die während des ganzen Seminars erhalten blieb.

Ich habe nie erlebt, dass dieses Vorgehen seine Wirkung verfehlte. Es kam vor, dass einige Teilnehmer bis zum Mittag des Klausurtages nicht so recht verstanden, was eigentlich vor sich ging, aber immer ebnete die Dynamik des Zuhörens und der Aufgeschlossenheit im weiteren Verlauf den Weg für den Heiligen Geist, echte Verbundenheit entstehen zu lassen, die sie nicht nur einander menschlich näher brachte, sondern auch geistlich ermutigte.

Viele dieser Kleingruppen kamen auch nach Ende des Quartals weiterhin freiwillig zusammen. Enge Freundschaften entstanden. Die Studenten wussten nun aus eigener Erfahrung, was echte Gemeinschaft ist. Mit den Mitteln des theoretischen Unterrichts wäre das nicht möglich gewesen.

In unserer individualistischen westlichen Gesellschaft sind wir in Bezug auf unsere Spiritualität allzu oft Einzelkämpfer. Die Herausforderungen, vor denen wir stehen, wären jedoch leichter zu bewältigen, wenn wir uns Anderen mitteilen und ihre Hilfe in Anspruch nehmen würden. Wenn einer des anderen Last trägt (vgl. Gal 6,2), wird allen geholfen. Fang also an, dich um echte christliche Gemeinschaft zu bemühen, statt weiter zu versuchen, die geistlichen Herausforderungen allein zu bewältigen. Es wird nicht immer leicht sein, aber wenn wir echte Gemeinschaft bilden, wartet am Ende dieses Weges die Herrlichkeit Gottes.

Teil III

Unterstützende Disziplinen der Gemeinschaft mit Gott

Kapitel 8

Fasten – auf verschiedene Art

„Fasten erinnert uns daran, dass wir „von einem jeden Wort leben, das aus dem Mund Gottes geht' [Mt 4,4]."

Geistlicher Mitpilger

Über das Fasten wird heute kaum noch gesprochen – nicht einmal in christlichen Kreisen. Zudem ist die Vorstellung, die unsere Gesellschaft davon hat, völlig anders als das biblische Konzept des Fastens. Die Vernachlässigung dieses Themas und die Missverständnisse darüber sind bis zu einem gewissen Grad verständlich, wenn man bedenkt, dass zwischen 1861 und 1954 kein Buch über das christliche Fasten geschrieben worden zu sein scheint.[1]

In diesem Kapitel möchte ich dir diese geistliche Disziplin vorstellen und dich dazu anregen, sie in deinem Leben zu erproben. In der Bibel finden sich mehr als 60 Hinweise auf ein Fasten. Es wird gewöhnlich im Zusammenhang mit Beten erwähnt oder mit einer besonderen Notlage. Das sollte uns nicht wundern, denn in allen großen Weltreligionen gehört das Fasten zum religiösen Leben – im Judaismus, im Islam, im Hinduismus und im Buddhismus.

Meine Gespräche über das Fasten haben mir gezeigt, dass die Einwände dagegen gewöhnlich auf zwei grundlegenden Missverständnissen beruhen. Erstens halten es viele für legalistisch oder sehen es als einen Versuch, Gott zu manipulieren. Sie fragen mich: „Erhört Gott mein Gebet etwa eher, wenn ich faste?" oder: „Ist Fasten nicht nur der Versuch, bei Gott Pluspunkte zu sammeln?"

---

[1] Laut Richard Foster, *Celebration of Discipline*, S. 47.

Mit solchen Fragen unterstellen sie, dass Christen fasten, um sich Gottes Gunst oder seinen Segen zu verdienen; und an solch einem fehlgeleiteten Bemühen wollen sie sich nicht beteiligen.

Wir müssen ehrlicherweise zugeben, dass manche Christen das biblische Fasten so verstehen und es missbraucht werden kann; die Bibel versteht Fasten jedoch anders, wie wir gleich sehen werden.

Zweitens denken viele sofort an extreme Formen des Fastens. Sie lesen in der Bibel, dass Mose, Elia und Jesus 40 Tage lang gefastet haben (siehe 5 Mo 9,9; 1 Kön 19,8; Mt 4,1.2); das scheint ihnen fast unmöglich zu sein und hat jedenfalls nichts mit ihrem Alltag zu tun. Vielleicht haben sie auch etwas über den Missbrauch des Fastens im Mittelalter gehört, und das hat sie abgeschreckt. Oder sie haben einmal einen Fastenfanatiker kennengelernt, der glaubte, das gesamte geistliche Leben hinge vom Fasten ab.

Wir wollen nach den biblischen Prinzipien des Fastens fragen und überlegen, wie wir sie in unserem Leben anwenden können.

Die biblische Definition des Fastens

Fasten ist – meiner Meinung nach – *der vollständige, selektive oder teilweise freiwillige Verzicht auf Essen und/oder Trinken oder auf etwas anderes.* Diese Definition enthält drei wichtige Aspekte.

Erstens: Fasten kann selektiv oder teilweise erfolgen. Daniel praktizierte zu einer Zeit ein komplettes Fasten (siehe Dan 9,3), verzichtete bei anderer Gelegenheit aber 21 Tage lang nur auf „leckere Speisen". Er sagte: „Fleisch und Wein kamen nicht in meinen Mund; und ich salbte mich auch nicht, bis die drei Wochen um waren." (Dan 10,3) Offenbar hatte er während einer geistlichen Krise beschlossen, eine Zeitlang nur ganz einfach zu essen.

Zweitens: Fasten bezieht sich nicht unbedingt auf Essen und Trinken; es kann damit auch der Verzicht auf andere Dinge gemeint sein. Daniel berichtete, er habe sich drei Wochen lang nicht gesalbt; auch das war ein Ausdruck des Fastens. Durch Jesaja rief Gott den Israeliten zu: „Das aber ist ein Fasten, an dem ich Gefallen habe: Lass los, die du mit Unrecht gebunden hast, lass ledig, auf die du das Joch gelegt hast! Gib frei, die du bedrückst, reiß jedes Joch weg!

Brich dem Hungrigen dein Brot, und die im Elend ohne Obdach sind, führe ins Haus!" (Jes 58,6.7) Hier wird deutlich gesagt: Bestimmte Dinge zu unterlassen, nichts Böses zu tun, sondern gerecht zu handeln, ist auch eine Art Fasten. Könnte uns nicht ein heutiger Prophet auffordern, auf das Fernsehen, auf Seifenopern oder Sportsendungen, auf das Internet oder Shoppingtouren zu verzichten?

Drittens: Christen fasten freiwillig. Zwar schrieb das Alte Testament ein allgemeines Fasten am großen Versöhnungstag (siehe 3 Mo 16,29.31) und an manchen Festen vor (siehe Sach 8,19), aber das Neue Testament gebietet an keiner Stelle zu fasten. Es erwähnt Fasten zwar, scheint aber vorauszusetzen, dass gläubige Menschen fasten, wenn sie es für angebracht halten (siehe Mt 6,16: „Wenn ihr fastet …"). Fasten ist keine neutestamentliche Lehre.

Gründe für ein Fasten

Wenn das Neue Testament das Fasten gar nicht gebietet, warum sollten wir dann überhaupt fasten? Ich will einige Gründe nennen.

Fasten ist eine Praxis, die die Bibel billigt und die viele fromme biblische Personen praktiziert haben. Sie wird im Alten und Neuen Testament etwa gleich oft erwähnt – insgesamt 60 Mal.[2] In den meisten Fällen wird das Fasten als etwas allgemein Bekanntes und Wertvolles beschrieben. Die Bibel scheint einfach vorauszusetzen, dass gläubige Menschen fasten, und billigt es.

An einigen Stellen äußert sie sich zwar kritisch zum Fasten, verurteilt jedoch nicht das Fasten an sich, sondern den Missbrauch oder die unangebrachte Zeit. In Jesaja 58 wurde zum Beispiel deutlich: Wer nur dem Buchstaben nach fastet, aber ein selbstsüchtiges Leben führt und sich nicht um die Hungrigen und Unterdrückten kümmert, dem nützt es überhaupt nichts. Jesus kritisierte das Fasten, wenn es dazu dient, die eigene Frömmigkeit zur Schau zu stellen, billigte es aber, wenn es Gott geweiht ist (siehe Mt 6,16–18).

Jesus lehrte auch, dass es Zeiten gibt, in denen es nicht nötig ist zu fasten, zum Beispiel solange „der Bräutigam bei ihnen ist" (Mk

---

[2] Zum biblischen Befund siehe David N. Freedman, Hg., „Fast, Fasting", *Anchor Bible Dictionary*, Doubleday, New York 1992, Bd. 2, S. 773–776.

2,18–20). Aber später kann bei geeigneten Anlässen durchaus wieder gefastet werden. Da, wo die Bibel das Thema Fasten aufgreift, tut sie es, um zu verdeutlichen, worum es dabei geht.

Es ist hilfreich, sich vor Augen zu halten, dass sich die Liste der biblischen Personen, die fasteten, wie die Aufzählung der Helden des Glaubens liest: Mose, David, Elia, Daniel, Johannes der Täufer, Jesus und Paulus. Diese standhaften Männer haben das Fasten zweifellos als etwas Wertvolles und Nützliches betrachtet.

Fasten kann sichtbarer Ausdruck von Beharrlichkeit und eines Schuldeingeständnisses sein. Es kann bedeuten: „Ich habe Unrecht getan und möchte dies wieder in Ordnung bringen." Die biblische Wendung „sich demütigen" bezeichnet das Fasten. Ihre wiederholte Erwähnung im Zusammenhang mit dem Versöhnungstag zeigt: Der Fastende anerkannte, dass er gesündigt hatte und der Barmherzigkeit und Vergebung bedurfte (siehe 3 Mo 16,29.31; 23,27.32; 4 Mo 29,7 EB). Fasten bedeutete, sich vor Gott zu demütigen und um Gnade zu bitten (siehe Esra 8,21; Ps 69,11.12).

Fasten signalisiert Zeiten von besonderer Bedeutung. Die Bibel erwähnt Fasten zum Beispiel im Zusammenhang mit der Trauer um einen Verstorbenen, mit einem Fest oder mit einer nationalen Krise. Man kann sich fragen, wie die Schreiber der Bibel diese unterschiedlichen Situationen mit Fasten in Verbindung gebracht haben. Der verbindende Gedanke ist, dass Fasten zum Ausdruck bringt: „Diese Sache ist für uns wichtig und das Fasten zeigt das." Der Tod Sauls und Jonathans war ein trauriger Grund zum Fasten (siehe 2 Sam 1,1.2). Während wichtiger nationaler Feste wurde aus einem freudigen Anlass gefastet (siehe Sach 8,19). Als die Juden von dem Befehl des persischen Königs Xerxes hörten, alle Juden zu töten, haben sie dagegen aus Angst gefastet (siehe Est 4,3).

Fasten ebnet den Weg für göttliche Führung und Offenbarungen. An mehreren Stellen erwähnt die Bibel Fasten im Zusammenhang mit Anbetung und Bitten um göttliche Führung und Offenbarung. Daniel fastete, als er versuchte, Jeremias Prophezeiung und die Zukunft des Volkes Gottes zu verstehen (siehe Dan 9,3). Als die Gemeinde in Antiochia fastete, wies der Heilige Geist sie durch Propheten an, Paulus und Barnabas für eine besondere Aufgabe auszusondern; sie taten es, indem sie ihnen die Hände auflegten (siehe Apg 13,1–3). Und als Paulus später Gemeindeleiter ernennen musste, betete und fastete er ebenfalls (siehe Apg 14,23).

Die genannten Gründe (außer dem ersten) zeigen, dass Fasten seinem Anlass eine neue Dimension hinzufügt: Es weist auf dessen Bedeutung für die Fastenden und deren große gefühlsmäßige Beteiligung und Ernsthaftigkeit hin.

Fasten erhöht die Konzentration und ermöglicht klares Denken. Das steht zwar so nicht in der Bibel, aber schon der gesunde Menschenverstand sagt uns, dass dem so ist, und wir sollten das ernst nehmen. (Das gleiche gilt übrigens für die beiden folgenden Punkte.) Wenn wir etwas Außergewöhnliches tun wie zum Beispiel Fasten, erinnert uns der ungewohnte Tagesverlauf ständig daran, dass etwas Besonderes vorliegt. Wir konzentrieren uns weit stärker auf den Anlass des Fastens und denken viel häufiger daran, als wir es normalerweise tun würden.

Ein Verzicht auf Nahrung hilft außerdem vielen Menschen, klarer zu denken und zu urteilen, sodass sie das anstehende Problem besser erfassen und weiser und vernünftiger damit umgehen können. Ein Verzicht auf Fernsehen, Vergnügungen oder etwas anderes kann natürlich die gleiche Wirkung haben.

Bei vielen Menschen wirkt sich Fasten positiv auf die Gesundheit aus. Eine schlechte körperliche Verfassung kann ein Fasten zwar ausschließen, aber ansonsten verbessert ein periodisches Fasten den Gesundheitszustand. In den westlichen Ländern gibt es mehr übergewichtige Personen als unterernährte. Viele europäische Kurorte empfehlen Fasten zur Entgiftung des Körpers und zur Reinigung des Verdauungssystems. Man könnte einwenden, dass Fasten doch der geistlichen – nicht der körperlichen – Gesundheit dienen soll. Das ist zwar richtig, aber wir müssen auch daran denken, dass ein gesunder Körper das geistliche Wachstum fördert.

Fasten verschafft uns Zeit für geistliche Belange. Essensvorbereitungen, die Mahlzeiten selbst und das Abwaschen nehmen viel Zeit in Anspruch. Wenn wir sie nutzen würden, um zu beten oder auf andere Weise mit Gott Gemeinschaft zu pflegen, hätten wir für unser geistliches Leben viel gewonnen. Der Verzicht auf Fernsehen,

Vergnügungen, Einkaufstouren usw. hat die gleiche Wirkung. In einer Welt, in der die meisten von uns viel zu viel zu tun haben, kann uns das Fasten Zeit für geistliche Disziplinen und Aktivitäten zur Verfügung stellen, die wir sonst nicht hätten.

Einige Richtlinien zum Fasten

Fasten kann ein Segen sowohl für das geistliche Leben als auch für den Körper und den Geist sein. Wie gehen wir dabei am besten praktisch vor? Hier einige Richtlinien.

Faste aus den richtigen Gründen. Du erwirbst dir mit Fasten keine Verdienste vor Gott und kannst ihn damit nicht zu irgendetwas zwingen. Halte dir den Sinn und Zweck des biblischen Fastens vor Augen und vergleiche beides mit dem Grund, aus dem du fasten willst. Bitte Gott um die rechte Motivation.

Denke an die verschiedenen Arten des Fastens. Um ehrlich zu sein: Mir fällt es schwer, auf Nahrung zu verzichten. Wenn ich zwei Mahlzeiten ausgelassen habe, kann ich nur noch ans Essen denken, und es bereitet mir Mühe zu beten. Mehr als zeitweise auf eine oder zwei Mahlzeiten zu verzichten schaffe ich nicht. Andere mögen dieses Problem nicht haben, aber Diabetes und andere Erkrankungen können eine regelmäßige Nahrungsaufnahme notwendig machen. Wer davon betroffen ist, tut gut daran, andere Arten des Fastens in Betracht zu ziehen.

Wie wäre es zum Beispiel mit einem Verzicht auf das Fernsehen oder wenigstens auf bestimmte Sendungen (von denen man sich manche ohnehin lieber nicht anschauen sollte)? Für mich zum Beispiel ist es hilfreich, von Fußballspielen im Fernsehen zu fasten. Man könnte auch auf das Lesen der Zeitung, das Surfen im Internet oder auf Einkaufstouren verzichten. Die Liste der Möglichkeiten ist endlos. Bitte Gott, dir zu helfen, ein Fasten zu finden, das auf deine Lebensumstände zugeschnitten ist.

Mach dir klar, wie du derzeit dein Leben führst. Dieser Punkt ergibt sich logisch aus dem vorigen. Dein Fasten muss geistlich, geistig und körperlich auf deine Lebensumstände zugeschnitten sein. Schau dir dein Leben genau an und frage dich, was deine Zeit in Anspruch nimmt, und ob dich das, was du tust, von Gott und deiner Familie trennt. Was ist dein größtes geistliches Bedürfnis? Welche Sünde macht dir am meisten zu schaffen? Die Antworten auf diese Fragen werden dir zeigen, welche Art des Fastens für dich angemessen ist.

Fürchte dich nicht vor dem Fasten in einer Gruppe. Im Zeitalter des Individualismus ist Fasten zwar eine persönliche Angelegenheit, aber in biblischer Zeit fastete man als Gruppe. Wir sollten keine Angst davor haben, zusammen mit Anderen zu fasten. Das eignet sich für viele sehr gut dazu, Fasten überhaupt kennenzulernen. Das Gemeinschaftsgefühl, das entsteht, wenn man etwas gemeinsam mit Anderen tut, macht das Fasten leichter und die Versuchung aufzugeben schwächer.

Geh schrittweise vor. Geh in deiner Begeisterung nicht zu schnell voran und fange nicht gleich mit einem mehrtägigen Fasten an. Lass erst einmal nur eine Mahlzeit aus, vielleicht auch zwei. Für manche ist auch ein eintägiges teilweises Fasten besser. Überfordere dich nicht und tue den zweiten Schritt erst dann, wenn du den ersten erfolgreich gegangen bist.

Bevor du ein strenges drei- bis siebentägiges Fasten beginnst, informiere dich, worauf du dabei achten musst. Wenn du Krankheiten oder Fragen hast, wende dich an deinen Hausarzt. Denk immer daran: Das Fasten soll das geistliche Wachstum und das Reich Gottes fördern; es soll nicht beweisen, wozu du in der Lage bist, und schon gar nicht deinem Körper schaden.

Faste nicht, ohne ein klares Ziel vor Augen zu haben und ohne andere geistliche Disziplinen einzubeziehen. Fasten muss ein klares geistliches Ziel haben. Das kann ein besonderes Anliegen sein, zum Beispiel nach Gottes Willen in Bezug auf ein spezielles Problem in deinem oder in dem Leben eines anderen Menschen zu fragen; es kann aber auch so allgemein sein wie der Wunsch nach Erneuerung des eigenen geistlichen Lebens.

In den meisten biblischen Beispielen geht Fasten mit anderen geistlichen Aktivitäten einher, vor allem dem Gebet. Im Allgemeinen ist es erfolgreicher, wenn wir es mit anderen geistlichen Disziplinen kombinieren – mit Beten, Nachsinnen, Anbeten, Studieren usw. All diese Übungen verstärken sich gegenseitig, sodass das Ergebnis mehr ist als die Summe der einzelnen geistlichen Übungen.

Mache dein Fasten nicht bekannt und protze damit nicht. Jesus machte ganz deutlich, dass Fasten – so weit wie möglich – im Verborgenen stattfinden soll und nur die engsten Bekannten davon wissen (siehe Mt 6,16–18). Nicht Menschen sollen unsere Hingabe sehen, sondern Gott; er ist es, der auf unsere Bitten antwortet.

Zusammenfassung

Nachdem die westlichen Kirchen sich 100 Jahre lang kaum mit dem Fasten befasst haben, beginnen sie seit einigen Jahrzehnten, sich wieder dafür zu interessieren. Wir ahnen kaum, welche Möglichkeiten dem Volk Gottes offenstehen, wenn wir mit dem Fasten ernst machen. Wir haben noch viel zu lernen über das Wesen, den Sinn und die Praxis des Fastens. Ein vor kurzem erschienenes Buch von Elmer Towns versucht, tiefer in dieses Thema einzudringen. Es beschreibt anhand von biblischen Beispielen neun verschiedene Arten von Fasten, die einen geistlichen Durchbruch bewirken können.[3] In einem Artikel über sein Buch schreibt Towns am Schluss:

„Wenn alle Christen fasten würden, könnte unsere Gesellschaft wachgerüttelt werden wie von einem Sturm, der durch ein junges Bäumchen fährt. Durch Fasten würden die Christen demonstrieren, dass sie anders sind, dass ihr Glaube unerlässlich ist und der Allmächtige in ihrem täglichen Leben wirkt. Wenn alle Gemeinden fasteten, würden sie in der Evangelisation vorangehen; sie würden anderen Menschen bringen, was die so nötig brauchen – und Gott würde seinen Geist auf sie ausgießen."[4]

Ich bin überzeugt, dass Elmer Towns völlig Recht hat.

Und ich hoffe, dass du zu denen gehören wirst, die diesen geistlichen Durchbruch erleben.

---

[3] Elmer Towns, *Fasting for Spiritual Breakthrough,* Regal Books, Ventura (Kalifornien), 1996.

[4] „Fasting for Nine Kinds of Spiritual Breakthrough", *Net Results: New Ideas in Church Vitality,* März 1999, S. 28–30.

Kapitel 9

Die Stille suchen – einfacher leben

„Ich war angenehm überrascht, wie wohltuend Stille sein kann. Es ist beinah so, als habe Gott schon immer sagen wollen: ‚Kannst du nicht einfach einmal für eine Weile still sein?'"

„Gott kommt mir dann noch näher. Er ist mir zwar auch sonst nahe, aber in der Stille höre ich ihn zu meinem Gewissen sprechen."

Geistliche Mitpilger

Die Stille zu suchen und einfacher zu leben trägt dazu bei, all das Rauschen von uns fernzuhalten, das uns so oft daran hindert, Gottes Stimme zu hören. Richtig verstanden und recht angewandt ebnen innere Einkehr und ein einfacheres Leben den Weg zu einer engeren Gemeinschaft mit Gott. In der Abgeschiedenheit lernen wir: Ein Leben, das so angefüllt ist mit Lärm, Aktivitäten und Leuten, sodass keine Zeit für Schweigen und Nachdenken bleibt, ist kein wahres Leben. Ein einfaches Leben lehrt uns: Wenn wir uns nur mit Dingen und mit Geld beschäftigen, machen sie uns zu ihren Sklaven und berauben uns der Freiheit. Probleme in diesen Bereichen können eine geistliche Weiterentwicklung unmöglich machen.

Die Abgeschiedenheit und Stille suchen

Es ist wichtig, sich periodisch zurückzuziehen, die Abgeschiedenheit und Stille zu suchen, um sich aus der Hektik und dem Lärm des Alltags zu entfernen – entweder nur innerlich oder auch äußerlich.

Man kann sich zwar äußerlich an einen stillen Ort zurückziehen, aber dennoch die innere Unruhe mitnehmen. Umgekehrt kann man auch mitten im Trubel des Alltags innerlich still sein und auf Gott hören. Idealerweise stimmen die innere Verfassung und die äußeren Umstände überein; und wenn das nicht der Fall ist, kann das eine zum anderen führen.

Viele Menschen haben Angst vor der Stille, weil sie sich vor den Gedanken und Bildern fürchten, die aus ihrem Inneren aufsteigen könnten, wenn sie so weit zur Ruhe kommen, dass sie über ihr Leben nachdenken können. Für manche ist erzwungenes Alleinsein etwas, das ihre mangelnde Attraktivität für Andere bestätigt. Und viele sind heute ziemlich einsam und befürchten, dass Abgeschiedenheit ihr Gefühl der Verlassenheit noch verstärken würde.

Wir müssen lernen, dass echte Stille etwas anderes ist als Alleinsein und Einsamkeit – nämlich Erfüllung. Die Stille zu suchen ist kein erzwungenes Alleinsein, sondern die freie Entscheidung, Gott und unserem wahren Selbst zu begegnen an einem Ort oder in einem Zustand, der die besten Voraussetzungen dafür bietet, um die Stimme Gottes und die Stimme aus unserem Inneren wahrnehmen zu können, damit Geist und Seele gestärkt werden.

Wir tun gut daran, uns zu erinnern, dass auch Jesus den Rückzug, die Abgeschiedenheit und die Stille brauchte und er überzeugt war, dass auch seine Jünger sie brauchten. Das Markusevangelium hebt das wiederholt hervor. Ich habe bereits darauf hingewiesen, dass die Evangelien nur an einer Stelle einen ganzen Tag im Leben Jesu zu beschreiben scheinen, nämlich in Markus 1,21–38. Jesus stand vor Sonnenaufgang auf, obwohl er am Tag zuvor noch bis spät abends Menschen geheilt hatte. Er verließ seine Unterkunft und suchte sich eine „einsame Stätte", um zu beten und mit Gott Gemeinschaft zu pflegen (V. 35). Das machte Sinn, denn auch bevor er seinen Dienst antrat, hatte er 40 Tage allein in der Wüste verbracht (siehe Mk 1,13). In späteren Kapiteln wird berichtet, dass es seine Gewohnheit war, die Abgeschiedenheit zu suchen (siehe Mk 6,45–47). Und er ermutigte auch seine Jünger, die Stille zu suchen (siehe V. 31.32). Zwar machte es die ihn bedrängende Menschenmenge manchmal unmöglich, sich zurückzuziehen (siehe V. 33.34;

Kap. 7,24), aber die Notwendigkeit dazu war offensichtlich. Sollte es bei uns anders sein?

Die Stille zu suchen bedeutet aber mehr, als nur Abgeschiedenheit zu suchen. Es schließt ein, selbst still zu sein – zu schweigen. Das ist in dieser geistlichen Disziplin ein entscheidender Punkt, denn wenn man nicht redet, wächst die Bereitschaft zum Hören. Wir vergessen gern die Aussage Salomos: „Schweigen hat seine Zeit, reden hat seine Zeit." (Pred 3,7) Und Jakobus schrieb: Wer seine Zunge unter Kontrolle hat, sei „ein vollkommener Mensch", (Jak 3,2 Hfa). Ein abgeschiedener Ort, an dem wir schweigen, bietet gute Voraussetzungen dafür, Gottes Stimme wahrzunehmen, die in unserem hektischen Leben so oft übertönt wird.

Der Nutzen der Stille

Die Abgeschiedenheit zu suchen und innerlich still zu sein spielt im geistlichen Leben eine sehr wichtige Rolle.

In der Stille wird uns bewusst, wie oft wir unsere Worte benutzen, um uns zu verteidigen oder Andere zu beeinflussen (vielleicht gar zu manipulieren). Wenn uns das klar wird, können wir anfangen, uns zu entspannen und uns ganz darauf zu verlassen, dass Gott uns verteidigt und rechtfertigt. Wir müssen dann nicht mehr daran denken, wie wir unseren guten Ruf bewahren. Schweigend und allein vor Gott, der alles weiß, brauchen wir uns um keine Form der Selbsterhaltung zu kümmern.

In der Stille können innere Stimmen, Bedürfnisse, Ängste, Verletzungen und Wunden der Vergangenheit usw. ins Bewusstsein treten. Unsere Geschäftigkeit und unsere vielen Worte hatten sie zwar verdrängt oder zum Schweigen gebracht, aber in der Stille tauchen sie wieder auf und melden sich zu Wort. Das kann anfangs unangenehm sein, aber wenn man umsichtig mit solchen Erinnerungen umgeht, erweisen sie sich als ein Gewinn. Die Bereitschaft, auf solche Stimmen zu achten, hilft uns, uns selbst – und in der Folge auch Gott – besser zu verstehen. Die gewonnenen Einsichten können die Hindernisse überwinden, die unserer Heilung im Wege stehen, und das geistliche Wachstum fördern. Wir verlieren in vieler Hinsicht, wenn wir die Abgeschiedenheit und Stille meiden und fortfahren, die inneren Stimmen zu unterdrücken.

Die Stille gibt Gott Gelegenheit, zu reden und zu handeln. Gott sagt auch zu uns: „Seid stille und erkennet, dass ich Gott bin!" (Ps 46,11) Wenn wir selbst still sind und uns auch den vielen Stimmen um uns herum entziehen, nehmen wir nicht nur unsere innere Stimme besser wahr, sondern hören auch Gottes Stimme deutlicher und lauter. Das Schweigen schafft Raum zum Hören.

In der Stille können wir uns geistig, seelisch und körperlich erholen. Den Stress, die Hektik und die vielen unerledigten Aufgaben lassen wir los; wir schalten ab und ruhen Geist und Körper aus. Wahre Stille macht uns nicht nur geistlich, sondern auch körperlich und seelisch gesund.

Praktische Schritte zur Abgeschiedenheit und Stille

Wie können wir in einem hektischen Leben für Zeiten der Abgeschiedenheit und Stille sorgen? Hier einige praktische Tipps.

Wir können damit anfangen, kurze Zeiten des Rückzugs zu planen. Abgeschiedenheit und Stille haben nicht nur mit Rückzug und Schweigen zu tun, sondern auch mit einer Geisteshaltung, die aufgeschlossen ist für eine stille Zeit in Gottes Gegenwart. Mit dieser Haltung profitieren wir auch schon von Zeiten der Abgeschiedenheit oder Stille, die weit kürzer sind als ein bis drei Tage.

Man kann die Zeit zwischen Aufwachen und Aufstehen zur Stille nutzen (das gilt insbesondere für Mütter). Wenn du aufstehst und es noch ganz still im Haus ist, halte inne und höre auf Gott. Auch einen Spaziergang mit dem Hund kann man so nutzen.

Wenn du irgendwo warten musst, zum Beispiel in einer Arztpraxis oder vor der Schule auf deine Kinder, dann nutze die Gelegenheit, zu entspannen und in Gottes Gegenwart still und ruhig zu werden. Oder halte bei der Gartenarbeit inne: Denke an Gott, der alles wachsen lässt, und nimm ihn in vielen lautlosen Wundern wahr. Oder mach einen Abendspaziergang und schau schweigend zum nächtlichen Himmel und bewundere Gottes Schöpfermacht. All dies sind natürlich auch gute Gelegenheiten, um zu beten.

Schaff dir einen Ort in deinem Haus bzw. deiner Wohnung, an den du dich zurückziehen kannst. Es könnte eine Dachkammer sein, ein Kellerraum oder gar eine Abstellkammer, wenn dir kein ganzer Raum zur Verfügung steht. Zur Not reicht auch eine Zimmerecke oder ein bestimmter Sessel, falls du früher aufstehst als die Anderen oder allein bist. Erkläre deiner Familie, dass du nicht gestört werden möchtest, wenn du dich dorthin zurückziehst.

Manche suchen sich einen einsamen Ort außerhalb des Hauses, so wie es Jesus getan hat. Es kann ein Waldstück oder ein unbebautes Gelände sein, das in der Nähe deiner Wohnung oder an deinem Arbeitsweg liegt. Es kann eine Kapelle sein, die immer geöffnet ist, oder ein leer stehendes Büro oder ein Lagerraum in der Firma. Du musst kreativ sein und die Stille wirklich suchen. Bitte Gott, dir einen geeigneten Ort zu zeigen, wo du ihm begegnen und vertraulich mit ihm reden kannst.

Seit Jahren träume ich davon, eine Laienmissionsgesellschaft zu gründen. Ich habe dazu auch schon einen Plan zur Förderung des geistlichen Lebens entwickelt und versucht, ihn auf das wirklich Wesentliche zu beschränken. Mittlerweile bin ich davon überzeugt, dass eine jährliche Rüstzeit von mindestens zwei Tagen unbedingt erforderlich ist. Öfter wäre wahrscheinlich besser, aber einmal im Jahr ist besser als nichts. Während dieser Zeit sollen die Teilnehmer vor allem in der Gegenwart Gottes gründlich über ihr Leben und ihre Pläne und Ziele für die Zukunft nachdenken. Ein Teil der Zeit kann zum Lesen und Studieren verwendet werden, aber der Rest des Tages sollte nicht verplant sein, sondern dazu dienen, in Gottes Gegenwart zu ruhen und sich seiner Liebe zu vergewissern.

Solch ein Rückzug in die Abgeschiedenheit und Stille stellt uns nicht nur geistlich, seelisch und geistig wieder her, sondern weckt in uns auch die Bereitschaft, mit den Menschen unserer Umwelt Verbindung aufzunehmen und ihnen Liebe zu erweisen.

Ich hoffe und bete, dass immer mehr Christen erkennen, wie notwendig innere Einkehr und Stille sind, und sie sich einen Ort suchen, an den sie sich regelmäßig allein (oder zusammen mit Anderen) zurückziehen können, um ihren geistlichen Hunger in der Stille zu befriedigen.

Einfacher leben

Ein anderer Weg, um Stillstand in der Beziehung zu Gott zu vermeiden, besteht darin, einfacher zu leben, denn das bringt eine paradoxe geistliche Freiheit. Viele Leute meinen, einfacher zu leben bedeute, Armut statt Reichtum zu wählen. Aber das Konzept wahrhaft christlicher Einfachheit umfasst weit mehr als das. Es geht dabei nicht nur um unser Geld und Eigentum, sondern auch um unsere Zeit, unsere Beziehungen, unsere Fähigkeiten und unsere Prioritäten. Einfachheit bezieht sich nicht nur auf das äußere Verhalten, sondern auch auf unsere innere Einstellung. Es gibt Wohlhabende, die ihren Reichtum großzügig mit Anderen teilen und selbst ein einfaches Leben führen. Und es gibt Leute, die nur wenig Geld haben, aber ein unbändiges Verlangen nach Reichtum haben.

Vor allem die Christen der westlichen Welt müssen zu einem einfacheren Leben aufgerufen werden. Seit mehr als 30 Jahren ist Ron Sider eine hartnäckige prophetische Stimme, die von der Verpflichtung der reichen Christen spricht, einfach zu leben und ihren Reichtum mit einer hungrigen Welt zu teilen. Sider hat darauf hingewiesen, dass das reale Einkommen der Amerikaner (und sicher auch vieler Europäer) -zigmal so hoch ist wie das der meisten Inder oder Afrikaner. Amerikaner gaben Anfang der 1980er-Jahre nur 13 Prozent ihres Einkommens für Lebensmittel aus, Inder aber 55 Prozent und Nigerianer 63 Prozent.[1] Ron Sider wollte damit zeigen, dass wir viel reicher sind, als uns bewusst ist. Seine Botschaft: Wenn wir nicht einfacher leben, um unseren Reichtum mit den Armen teilen zu können, widerspricht das dem Wesen des christlichen Glaubens und steht dem Leben mit Gott im Wege.

Der Mangel an Einfachheit belastet nicht nur unsere Beziehung zu Gott, sondern schmälert auch die Erfolgsaussichten unserer Bemühungen, das Christentum zu verbreiten. Der Missiologe Jonathan Bonk hat ein Buch geschrieben, in dem er die These vertritt, dass der Reichtum der Missionare ihre Aufgabe ernsthaft behindert. Der Mangel an Einfachheit in ihrem Leben verführt die Einheimi-

[1] Ron Sider, *Rich Christians in an Age of Hunger*, Inter Varsity Press, Downers Grove (Illinois), 1984, S. 33, 35.

schen dazu, aus einem falschen Motiv Christ zu werden (nämlich in der Hoffnung auf Reichtum).[2] Das erschwert die Beziehung zwischen den Kulturen und die Mission unter Armen erheblich.

Ein weiterer wichtiger Grund, ein einfacheres Leben zu führen, ist für uns in den westlichen Ländern der vollgepackte Lebensstil. Niemand hat das deutlicher beschrieben als Richard Swenson.[3] Unser Leben ist so hektisch, dass wir uns kaum einen Fehler erlauben und kaum Veränderungen in unserer Lebensweise vornehmen können, ohne erhebliche Unruhe zu stiften. Die monatlichen Ausgaben sind so hoch, dass viele nichts zurücklegen können, sodass sie bei längerer Arbeitslosigkeit in ernsthafte finanzielle Schwierigkeiten geraten. Unsere Termine liegen viel zu dicht beieinander. Schon zwei rote Ampeln sorgen dafür, dass manche zu spät kommen. Einige leiden so unter Schlafmangel, dass nur wenige zusätzliche schlaflose Stunden ernsthafte Probleme bereiten. Die Beziehungen leiden unter Hektik, und allein der Gedanke, Anderen helfen zu sollen, bringt einige von uns an den Rand der Erschöpfung – sogar wenn es um die eigene Familie geht. Hier hilft nur Eines: Wir müssen unser Leben einfacher gestalten.

Oft vergessen wir, wie ernst die Bibel ökonomische und finanzielle Angelegenheiten nimmt. Das Alte Testament anerkennt zwar ganz klar das Recht auf privates Eigentum, ordnet es aber der Sorge für die Familie oder andere Menschen unter.[4] Die Verordnung des Erlassjahres ist ein überzeugendes Beispiel dafür. Spätestens nach Ablauf von 50 Jahren sollte alles verpachtete Land an seinen Eigentümer zurückgegeben werden (siehe 3 Mo 25,8–17), sodass jede Familie in finanzieller Hinsicht einen neuen Anfang machen konnte. (Ihr Land zu verkaufen war den Israeliten verboten.) Dies machte deutlich: Gott war der eigentliche Eigentümer des Landes, nicht der Mensch. Und als Eigentümer ließ Gott nicht zu, dass verarmte Leute für immer arm blieben. Der Herr schuf für sein Volk eine Einrichtung, die den Armen einen Neuanfang ermöglichte.

---

[2] Jonathan Bonk, *Missions and Money: Affluence as a Western Missionary Problem,* Orbis Press, Maryknoll (New York), 1991.

[3] Siehe Richard A. Swenson, *Einfach einfacher. Rezepte gegen das Zuviel, das uns zu wenig Raum zum Leben lässt*, Brunnen-Verlag, Gießen 2006.

[4] Ron Sider, *Rich Christians in an Age of Hunger*, S. 103.

Jesus sprach oft über Geld und Reichtum; er vertrat dabei denselben Grundsatz wie das Alte Testament. Jesus ging sogar noch einen Schritt weiter, indem er sagte, dass wir nicht materiellen Werten und Gott gleichzeitig dienen können (siehe Lk 16,13). Er wies ausdrücklich darauf hin, dass es für Reiche schwer ist, in Gottes neue Welt zu kommen (Mt 19,24). Und es machte ihn traurig, als der „reiche Jüngling" sich nicht von seinem Besitz trennen und Jesus nachfolgen wollte, sondern es vorzog, an dem festzuhalten, was er besaß (siehe V. 16–22). Jesus sprach über Geld und Besitz sogar öfter als über irgendein anderes Thema!

Wenn die Bibel so häufig über Eigentum, Geld und Reichtum spricht, sollten Christen, die behaupten, die Bibel ernst zu nehmen, sorgfältig darauf achten.

Allerdings müssen wir uns davor hüten, Armut zu verherrlichen und auf ein einfaches Leben stolz zu sein. Wir müssen beide Extreme meiden. Es darf nicht zu unserer Hauptbeschäftigung werden, Reichtümer anzusammeln. Und wir müssen auch die Irrlehre (es ist meiner Meinung nach eine) des „Wohlstandsevangeliums" zurückweisen, das den Menschen Reichtum und Gesundheit verspricht, wenn sie nur wahrhaft an Jesus glauben. Überall auf der Welt habe ich Menschen getroffen, die ein frommeres Leben führen als die meisten mir bekannten Christen, aber dennoch hoffnungslos verarmt sind. Andererseits sollen wir auch den mönchischen Legalismus ablehnen, der strenge Regeln erlässt und in der Armut und Einfachheit den Beweis für die eigene überlegene Frömmigkeit sieht. Beide Extreme zerstören das geistliche Leben.

Das Maß unserer Sorgen über Geld, Besitz, Zeit usw. mag uns helfen, den Weg zu einem einfacheren christlichen Leben zu suchen. Wenn wir uns über diese Dinge ständig Sorgen machen, haben wir schlichtweg Probleme mit der Einfachheit. Wenn wir aber das Reich Gottes an die erste Stelle in unserem Leben setzen, brauchen wir uns laut Jesus keine Sorgen mehr zu machen (siehe Mt 6,25–33) und können ein wahrhaft einfaches Leben führen.

Ein solch einfaches Leben ist von drei Einstellungen bestimmt. 1. Wir werden alles, was wir haben – Geld, Eigentum, Zeit, Familie usw. – als eine Gabe Gottes ansehen und nicht als etwas, das wir selbst geschaffen haben und uns gehört. 2. Wir werden darauf vertrauen, dass Gott sich um all diese Anliegen kümmert, und wissen, dass unser Bemühen nur zweitrangig ist. 3. Wir werden Andere an dem, was wir besitzen, teilhaben lassen.[5] Wenn diese drei Einstellungen unser Leben prägen, werden wir die Freiheit erleben, die wahre christliche Einfachheit mit sich bringt.

Einige praktische Vorschläge

Seit mehr als zwei Jahrzehnten habe ich als Professor, Mentor und Freund engen Kontakt mit College- und Universitätsstudenten. Es sind vor allem zwei Probleme, die es vielen von ihnen schwermachen, ein wahrhaft einfaches Leben zu führen. Und zahlreichen anderen Menschen geht es ähnlich.

Das erste sind Schulden. Schon lange vor der Abschlussprüfung und vor der ersten Anstellung werden Studenten dazu verleitet, Kredite aufzunehmen. In ihren Briefkästen häufen sich die Angebote für Kreditkarten. Banken bieten ihnen allerlei „Anreize", damit sie unterschreiben – und viele erliegen der Versuchung. Ich habe Studenten beraten, die viele Tausend Dollar an Kreditkartenschulden angehäuft hatten. Außerdem hatten sie noch ihr – oft unnötig großes – Auto und Haushaltsgeräte abzubezahlen. Finanzielle Sorgen, Zeitdruck und die Notwendigkeit, nebenbei Geld zu verdienen, um Rechnungen zu begleichen, sind die Folge. Der Schuldenkreislauf mit all seinen hässlichen Folgen wird so fest etabliert.

Studenten in solcher Lage versuche ich klarzumachen, dass ihr Problem in Wirklichkeit geistlicher Natur ist. Natürlich hat es mit Geld zu tun, aber der Kern ist spiritueller Natur. Der Schuldenkreislauf bringt nicht nur Stress und Sorgen mit sich, sondern nimmt auch die Zeit in Anspruch, die wir für die Familie, Freunde, Gott und den Dienst für andere Menschen haben sollten. „Seid niemandem etwas schuldig, außer dass ihr euch untereinander liebt", mahnte Paulus (Röm 13,8). Und wir sollten auch die Worte in Sprüche 22,7 ernst nehmen: „Wer Geld leihen muss, wird zum Sklaven seines Gläubigers." (GNB)

---

[5] Laut Richard J. Foster, *Celebration of Discipline*, S. 88.

In allen christlichen Schulen und Colleges ist Religion ein Pflichtfach. Meiner Meinung nach müsste der Lehrplan aber auch einen Kurs anbieten, der christliche Haushalterschaft und einfache Lebensart lehrt und den Schülern und Studenten bewusstmacht, dass Schulden sie zu Sklaven ihrer Gläubiger machen können.

Das zweite ernsthafte Hindernis für ein einfaches Leben ist die allgegenwärtige Computer- und Videorevolution. Ich meine nicht nur das Fernsehen und den Computer selbst, sondern auch all die neuen Geräte, mit denen man sich Filme ansehen, Musik hören, im Internet surfen oder spielen kann. Sie führen zu Abhängigkeiten und beherrschen das Denken. Manches – zum Beispiel Kinderpornographie – ist dämonisch oder gar illegal. Anderes – wie Fernsehserien, Telenovelas, Talkshows und Sportsendungen anzuschauen – ist vielleicht in sich selbst nicht sündhaft, kostet aber viel Zeit. Manche Studenten verbringen genauso viel Zeit mit dem Computer wie mit dem Studieren – oder gar noch mehr. Viele surfen stundenlang im Internet und häufen unnützes Wissen an; sie lernen dabei meist nichts, was für das Leben nützlich ist.

Das alles kann sich fast unbemerkt entwickeln und nimmt viel Zeit in Anspruch, die uns für das wirklich Notwendige fehlt, das wir dann entweder gar nicht oder nur in Eile tun können. Auch hierbei müssen wir sagen: Es handelt sich um ein geistliches Problem und ist nicht nur eine Frage größerer Zeiteffizienz. Nicht selten entwickeln sich auf diese Weise schwer zu überwindende Abhängigkeiten, die uns – ebenso wie Drogen – der Freiheit berauben.

Ich möchte nochmals an die Aussagen von Jesus in der Bergpredigt erinnern. Dort erklärt er, dass wir uns um nichts sorgen sollen – weder um Essen und Trinken noch um Kleidung oder Geld. Es wird uns nichts nützen. Gott weiß doch, was wir wirklich brauchen. Wenn wir die Angelegenheiten seines Reiches an die erste Stelle setzen, werden wir von ihm mit allem Lebensnotwendigen versorgt werden. Meditiere in der Stille über Matthäus 6,25–34!

Wahre Freiheit finden wir, wenn wir auf Jesu Stimme hören und anfangen, regelmäßig Zeiten der Stille zu suchen und ein einfacheres Leben zu führen.

Teil IV

Antworten auf Fragen über die Beziehung zu Gott

Kapitel 10

Warum fehlt der Drang zur Spiritualität?

„Ich bin zu der Erkenntnis gekommen:
Das Herz des Christseins ist das geistliche Leben."

„Gott ist nicht nur gut, er ist auch realer, als ich ihn
mir vorgestellt hatte – zum Beispiel wenn ich bete."

Geistliche Mitpilger

Manche Leute bezweifeln, dass es eine echte Beziehung zu Gott überhaupt gibt. Sie fragen sich, ob Anbetung und Gebet tatsächlich etwas bewirken. Andere mögen mit den Aussagen dieses Buches zwar gedanklich übereinstimmen, sehen aber keine Dringlichkeit, wirklich ein Leben in Gemeinschaft mit Gott zu führen. Können sie ihm dann wirklich begegnen?

Wir sollten diese Fragen ernst nehmen, denn sie sind Ausdruck tief verankerter Denkweisen und Einstellungen, mit denen wir uns auseinandersetzen müssen, wenn ein geistliches Leben gelingen soll. Ich halte es für das Beste, sich mit dieser Angelegenheit auseinanderzusetzen, indem wir das Konzept des religiösen Weltbildes gemeinsam durchdenken. Es befasst sich mit der alles entscheidenden Kernfrage, ob Gott in das tägliche Leben des Menschen tatsächlich eingreift oder nicht – und wenn ja, auf welche Weise.

Unsere Kultur und unsere Vorstellung vom Leben im Allgemeinen nehmen Einfluss auf das geistliche Leben und sind mitverantwortlich dafür, ob wir es überhaupt besitzen. Nur wenige Menschen sind sich darüber klar, wie sehr die Vergangenheit und tief verankerte Vorstellungen und Konzepte, die wir oft gar nicht beschreiben können, unser Leben formen. Anthropologen nennen diese in der Tiefe unseres Wesens verankerten und unser Leben bestimmenden Kräfte „Weltbild". In diesem Kapitel werden wir untersuchen, welchen Einfluss es auf die Überzeugungen und Praktiken (oder ihr Fehlen) im Bereich des spirituellen Lebens hat. Ob wir beten oder nicht, worum wir beten und wie wir unser geistliches Leben gestalten wird in hohem Maße durch unser Weltbild bestimmt.

Der Einfluss des Weltbildes

Ein Weltbild können wir definieren als die tiefen, meist unbewussten konzeptionellen Strukturen eines Volkes oder einer Kultur, die den Werten, Überzeugungen und Verhaltensweisen zugrunde liegen. Obwohl Autoren unterschiedliche Begriffe verwenden, kann man sagen, dass das Denken und Handeln der Menschen auf vier Ebenen stattfindet. Übereinander gelegt sehen sie wie eine auf der Spitze stehende Pyramide aus.

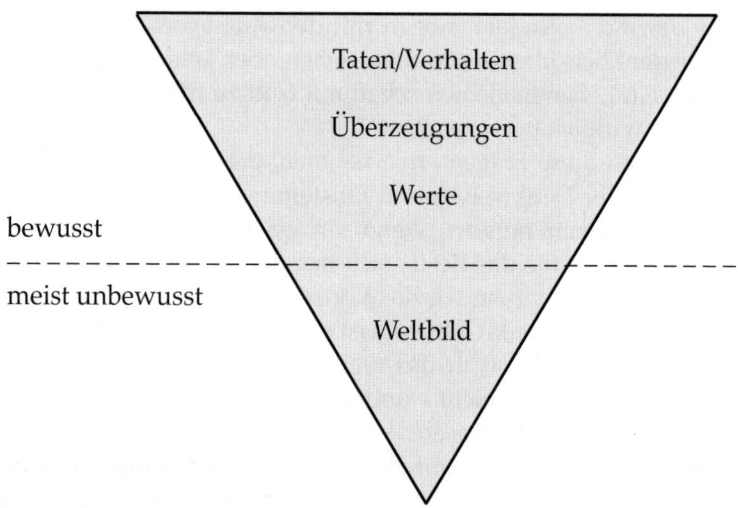

Das unterste, kleinste Segment der Pyramide ist das Weltbild. Es ist klein, weil es aus nur wenigen Elementen besteht, nämlich den grundlegenden Konzepten, doch es ist die Quelle, aus denen sich die darüber liegenden Ebenen ergeben. Aufwärts kommen zuerst die Werte. Das Weltbild bestimmt die Werte, nach denen wir etwas als gut oder schlecht, als nützlich oder schädlich beurteilen. Die nächste Stufe (dritte Ebene) sind die Überzeugungen, die darüber entscheiden, woran wir glauben sollen, weil es mit unseren Werten und unserem Weltbild übereinstimmt. Die oberste, breiteste Ebene steht für unser Tun und unser Verhalten, das auf unseren Überzeugungen beruht, die sich ihrerseits aus den Werten und dem Weltbild ergeben.

Wie das in der Praxis funktioniert, möchte ich an einem Beispiel verdeutlichen. Meine Studenten kommen meist rechtzeitig zum Unterricht – zumindest versuchen sie es. Dieses Verhalten beruht auf der Überzeugung, dass ihre akademischen Leistungen besser sind, wenn sie pünktlich zum Unterricht erscheinen. Diese Überzeugung wiederum beruht auf der Wertvorstellung, dass es vorteilhaft ist, auf der Universität Erfolg zu haben und gute Noten zu bekommen. Dem allen aber liegt ein Weltbild zugrunde, das Bildung für etwas Sinnvolles hält. Das Weltbild formt also diverse Arten von Verhaltensweisen, Überzeugungen und Werten, die die Studenten motivieren, zu den Lehrveranstaltungen zu gehen und das Studium bis zu einem erfolgreichen Abschluss fortzusetzen.

Die Motivation, rechtzeitig zum Unterricht zu kommen, kann auch auf Verhaltensweisen, Überzeugungen und Werten beruhen, die sich auf einen vernünftigen Umgang mit der Zeit beziehen. Die Studenten sind der Meinung, dass es richtig, höflich und respektvoll ist, rechtzeitig zu erscheinen. Der Wert, der dieser Überzeugung zugrunde liegt, ist der Gedanke: Es ist gut, seine Zeit sinnvoll zu nutzen, und es ist schlecht, sie zu verschwenden oder zu missbrauchen. Der tiefere Grund – auf der Ebene des Weltbildes angesiedelt – ist jedoch die Vorstellung, dass unsere Zeit endlich (nicht unbegrenzt), linear (nicht zyklisch) und messbar ist. Die Rolle, die das Weltbild in diesem Prozess spielt, wird nur selten erörtert und noch seltener verstanden, obwohl unser Weltbild unser gesamtes

Verhalten bestimmt. Nur wenige wissen, dass andere Kulturen und Denkweisen andere Vorstellungen von Zeit haben. Wir setzen oft stillschweigend voraus, dass Andere dieselbe Weltsicht haben wie wir, weil sie für uns völlig selbstverständlich ist.

Auswirkungen auf das religiöse Leben

All das hat große Auswirkungen auf den spirituellen Bereich. Zum Weltbild gehört die grundlegende Frage, ob Gott in das tägliche Leben des Menschen aktiv eingreift oder nicht. Kann man Gott in den geistlichen Disziplinen Beten, Nachsinnen und Anbeten wirklich begegnen? Wenn wir meinen, dass Gott durch sie das menschliche Leben tatsächlich beeinflusst, dann hat der Anreiz oder Drang, sie zu praktizieren, eine große Bedeutung und Kraft. Aber wenn wir der Überzeugung sind, dass diese Praktiken mehr mit inneren psychologischen Angelegenheiten zu tun haben und/oder Gott normalerweise nicht in den Alltag des Menschen eingreift, dann fehlt uns die entscheidende Motivation, diese geistlichen Disziplinen zu praktizieren. Nur wenige von uns würden Zeit in Dinge investieren, die unser Weltbild als unwichtig oder wenig produktiv bewertet. Viele moderne Menschen – unter ihnen auch Christen – glauben in ihrem tiefsten Inneren nicht, dass Gott in ihr tägliches Leben eingreift bzw. eingreifen kann und will. Es ist also kein Wunder, dass das spirituelle Leben in westlichen Kulturen so wenig ausgeprägt ist!

Ein Artikel von Paul Hiebert hat mir sehr geholfen, diese Problematik besser zu verstehen; ich brauchte sein Konzept nur weiterzuentwickeln und auf andere Bereiche anzuwenden. Hieberts Absicht war es zwar, westlichen Missionaren zu helfen, mit dem Problem der Geister, Ahnen, Astrologen und Heiler in nichtwestlichen Kulturen umzugehen, aber ich denke, dass wir sein Konzept auch auf Fragen des spirituellen Lebens anwenden können. Sein Artikel zeigt uns einen Weg, wie wir systematisch vorgehen und die Angelegenheit veranschaulichen können.[1]

[1] Paul G. Hiebert, „The Flaw of the Excluded Middle", *Missiology: An International Review*, Jg. 10, Nr. 1, Januar 1982, S. 35–47.

Zur Analyse der religiösen Weltbilder schlägt Hiebert folgendes Diagramm mit drei Ebenen und sechs Segmenten vor:

	persönlich/organisch	**unpersönlich/mechanisch**
göttlich/ unsichtbar	Persönlicher Gott oder diverse Götter böse Mächte, Satan	Vorsehung, Schicksal Karma bzw. Brahman kosmische Kräfte
mittlere Ebene	Engel Geister diverser Art Dämonen Propheten Heiler	Wunder bzw. Magie Träume, Visionen Zauberei, Amulette usw. Heilige Schriften Astrologie Gebete, Anbetung usw. Meditation
menschlich/ empirisch	Geistes- und Gesellschafts-wissenschaften Menschliche Beziehungen	Natur- und angewandte Wissenschaften

Er meint: Die bei uns vorherrschende Kultur sieht die Welt – wegen der durch die Aufklärung geprägten Vorstellung des Universums – als ein geschlossenes System, das wir fast vollständig auf der unteren menschlichen bzw. empirischen Ebene verstehen können.

Die westliche Wissenschaft – sowohl ihr gesellschaftswissenschaftlicher (Anthropologie, Psychologie, Soziologie usw.) als auch ihr naturwissenschaftlicher Zweig (Physik, Chemie, Biologie) – operiert auf der unteren Ebene des Diagramms. Selbst westlichen Christen, die an Gott glauben – also die Existenz der oberen, göttlichen Ebene bejahen – fällt es schwer, die mittlere Ebene ernst zu nehmen. Kultur und Bildung spiegeln das Weltbild der Aufklärung wider, das subtil, aber hartnäckig die Realität und Gültigkeit der mittleren Ebene in Zweifel zieht. Deshalb überschrieb Hiebert seinen Artikel „Der Fehler der ausgeschlossenen Mitte". Die westliche, von der

Aufklärung geprägte Kultur neigt dazu, den mittleren Bereich des Diagramms auszuklammern oder nur zum Teil mit einzubeziehen.

Diese mittlere Ebene ermöglicht jedoch die Kommunikation zwischen der oberen und der unteren Ebene. Wird sie ignoriert, ist ein Austausch zwischen dem göttlichen und dem menschlichen Bereich sehr erschwert. Gemeinschaft oder Kommunikation mit Gott kann es unter solchen Umständen nicht geben.

Das hat viele Auswirkungen. Davon ist zum Beispiel die Verständigung zwischen den verschiedenen Kulturen betroffen. Eine Kultur, die an Geister und Dämonen glaubt, kann eine andere Kultur, die das nicht tut, kaum verstehen. Es beeinflusst auch unser Bibelverständnis: Betrachten wir Aussagen und Geschichten, in denen Engel, Dämonen, Propheten usw. vorkommen, als wahr? Selbst bei flüchtigem Lesen der Bibel wird klar, dass in ihr wie selbstverständlich von Elementen der mittleren Ebene die Rede ist. Morton Kelsey schreibt in seinem Buch *Encounter With God,* dass 49 Prozent des Neuen Testamentes sich mit Erfahrungen befassen, die auf der mittleren Ebene gemacht werden.[2] Wenn wir die aber nicht ernst nehmen, wie wollen wir dann die Bibel interpretieren?

Noch wichtiger für unsere Betrachtung sind die Auswirkungen auf das geistliche Leben. Können wir mithilfe der spirituellen Disziplinen wirklich mit dem Göttlichen Kontakt aufnehmen? Die von der Aufklärung geprägten Weltbilder, in denen es die mittlere Ebene nicht gibt, bezweifeln, dass Gott in bestimmter Weise in unser Leben eingreift, und sprechen also dem geistlichen Leben Wert und Bedeutung ab. Diese Weltbilder sind meiner Meinung nach für vieles von dem verantwortlich, was wir in Kapitel 1 besprochen haben, unter anderem für unser Verständnis von Religion.

Wenn man das umseitige Weltbilddiagramm zugrunde legt, gibt es meines Erachtens mindestens fünf verschiedene Optionen. Was in dem jeweiligen Weltbild akzeptiert wird, habe ich grau hinterlegt. Die fünf Optionen zeigen, wie sich das jeweilige Weltbild auf das geistliche Leben auswirkt. (Die Einzelbegriffe stehen für die ganzen Segmente bzw. die zutreffenden Begriffe daraus.)

---

[2] Morton Kelsey, *Encounter With God,* Bethany Followship, Minneapolis (Minnesota), 1972, S. 242.

Das atheistische und das agnostische Weltbild

Gott	Vorsehung
Engel, Geister	Wunder, Visionen
Geisteswissenschaften	Naturwissenschaften

Da ist zuerst das *atheistische* bzw. *agnostische* Weltbild. Seine Anhänger akzeptieren nur den menschlichen, empirischen Bereich, also das, was sie sehen, hören, anfassen oder untersuchen können. Gott als ein höheres Wesen existiert für einen Atheisten nicht und für einen Agnostiker ist Gott irrelevant bzw. er meint, dass man nichts Genaues über ihn wissen könne. Da sie die Welt als ein geschlossenes System verstehen, das mit wissenschaftlichen Methoden erforscht werden kann, erkennen sie die Gegenwart und Aktivität Gottes nicht oder brauchen sie nicht. Aber ohne Gott gibt es kein spirituelles Leben.

Das deistische Weltbild

Gott	Vorsehung
Engel, Geister	Wunder, Visionen
Geisteswissenschaften	Naturwissenschaften

Das zweite Weltbild ist *deistisch*. Ein Deist glaubt an das, was in der ersten und dritten Ebene des Diagramms genannt wird. Gott ist der Schöpfer, der auch die im Universum geltenden Gesetzmäßigkeiten geschaffen hat, aber er greift jetzt nur noch selten ein. Er hat die Welt geschaffen, so wie ein Uhrmacher eine Uhr herstellt und dann aufzieht; er hat für Gesetzmäßigkeiten und Prinzipien gesorgt, die wir verstehen können und innerhalb derer unser Leben verläuft, sodass weder das Universum noch die Menschheit irgendeines persönlichen Eingreifens Gottes bedarf.

Viele Christen – vor allem intellektuelle in der Mitte ihres Lebens, aber auch ältere – sind in Wahrheit verkappte Deisten. Sie haben Schwierigkeiten mit den Wundern der Bibel, mit der Wirksamkeit der Fürbitte und allem, was ein direktes Eingreifen Gottes in das Geschehen dieser Welt nahelegt. Sie neigen dazu, alles, was die Bibel in der mittleren Ebene ansiedeln würde, anders zu interpretieren, sodass sie es in der unteren Ebene einordnen können. Zum Beispiel bekennen sie sich zwar zum Beten, sehen es aber als einen rein psychologischen Vorgang, der unseren Geist mit Gottes Willen in Übereinstimmung bringen soll. Und sie deuten dämonische Erscheinungen als Geisteskrankheiten oder abnorme Emotionen. Einige betrachten sogar die Bibel als ein rein menschliches Buch. Jeder, der seine Bildung in der westlichen Kultur empfangen hat – selbst wenn er eine christliche Schule oder Universität besucht hat – ist geprägt von dem deistischen Weltbild.

Das magische Weltbild

Gott	Schicksal
Engel, Geister	Magie
Geisteswissenschaften	Naturwissenschaften

Die dritte Möglichkeit ist das *magische* Weltbild. *Magisch* müssen wir hier im anthropologischen Sinne verstehen. Es sind nicht die Taschenspielertricks und optischen Illusionen von Zauberern gemeint, sondern die Kunst, Ereignisse mithilfe übernatürlicher Mächte zu kontrollieren und zu manipulieren. Wer Magie betreibt, betrachtet das, was er tut, als eine Wissenschaft, die Gesetzen und Prinzipien folgt, die er beherrscht. Das magische Weltbild glaubt uneingeschränkt an das, was in der rechten Spalte des Diagramms genannt ist: Schicksal, Magie und Naturwissenschaften. Statt sich auf einen persönlichen Gott einzulassen, glaubt es, die göttlichen mechanischen Operationen vorhersehen und beeinflussen zu können. Das wird im Gebrauch von Bannsprüchen und magischen

Formeln deutlich, die angeblich Segen oder Fluch garantieren. Das Tragen von Amuletten oder Talismanen, die vor Unglück bewahren sollen, beruht auf der gleichen Vorstellung. Ähnlich denken Christen, die ständig nach der richtigen Formel oder dem richtigen Weg suchen, um irgendein geistliches oder persönliches Ziel zu erreichen. Sie meinen, dass sie sich nur auf ein bestimmtes Versprechen Gottes zu berufen brauchen und schon werde Gott aktiv.

Solche Menschen glauben, dass Gott unpersönlich wie eine Art Warenautomat ist: Man muss nur die passenden Geldmünzen einwerfen, und schon kommt unten die gewünschte Ware heraus. Das magische Gottesbild behauptet, man brauche nur die richtigen Worte zu sagen oder etwas Bestimmtes zu tun (z. B. ein Ritual zu vollziehen), und schon würden deine Wünsche erfüllt.

Das mystische bzw. mittelalterliche Weltbild

Gott	Vorsehung
Engel, Geister	Wunder, Visionen
Geisteswissenschaften	Naturwissenschaften

Das vierte Weltbild ist das *mystische* bzw. *mittelalterliche*. Es akzeptiert nur das, was in den beiden oberen Ebenen des Diagramms genannt wird und betrachtet alle Wissenschaften mit Argwohn. Seine Anhänger gleichen den Leuten, die Benjamin Franklins Erfindung des Blitzableiters ablehnten, weil sie es für falsch hielten, dass Menschen mit „Gottes Artillerie" herumspielen. Christen und andere Leute, die Krankheiten oder allerlei Unpässlichkeiten auf Gott oder andere geistige Mächte zurückführen, denken genauso. Ernährungsfragen, Gesundheitsgrundsätze oder schädliche Gewohnheiten wie das Rauchen haben für sie keine Bedeutung. Du musst nur beten, sagen sie, oder die richtigen religiösen Rituale befolgen, dann verschwindet die Krankheit. Weil die Naturabläufe alle auf Gottes direktes Eingreifen zurückgehen, bezweifeln sie den Wert der Naturwissenschaften.

Das theistische bzw. christliche Weltbild

Gott	Vorsehung
Engel, böse Geister	Wunder, Visionen
Geisteswissenschaften	Naturwissenschaften

Das fünfte Weltbild ist das *theistische* bzw. *christliche*. Es ist auch das jüdische bzw. moslemische Weltbild. Theisten akzeptieren alle Bereiche des Diagramms gleichermaßen und glauben, dass über allem Gott und die Gesetzmäßigkeiten des Universums stehen. Sie sind überzeugt, dass zwischen Gott und den Menschen ein echter Austausch stattfindet (mittlere Ebene) und Gott eine geordnete Welt mit Gesetzmäßigkeiten geschaffen hat, in der wir Menschen verantwortlich leben sollen (untere Ebene).

Um der Wirklichkeit gerecht zu werden, dürfte es in dem Diagramm keine durchgehenden Linien geben – weder zwischen den Ebenen noch zwischen den beiden Spalten –, denn die Übergänge sind fließend und die verschiedenen Felder überlappen sich.

Ich bin fest davon überzeugt, dass alle dargestellten Weltbilder außer dem letzten nicht der Wirklichkeit gerecht werden. Aus ihrer Perspektive können sie nur einen Teil des Ganzen erkennen.

Zweifel über das richtige Weltbild ausräumen

Vielleicht fragst du dich noch, woher wir denn wissen können, dass dieses letzte Weltbild das richtige ist. Christen beantworten diese Frage mit dem Hinweis, es sei der Kern der biblischen Lehre. Viele Personen in alttestamentlichen Zeiten standen in enger Verbindung mit Gott. Adam und Eva gingen mit Gott im Garten Eden und redeten mit ihm ebenso wie später Abraham und Mose. Gott kommunizierte auch mit den Propheten – mit Worten, in Träumen und durch Visionen. Und er erhörte viele Gebete. All das zeigt, dass Gott sich selbst und seine Werke im Leben der Menschen offenbart.

Im Mittelpunkt des Neuen Testamentes steht Jesus Christus. Seine Menschwerdung ist die eindrucksvollste Manifestation der göttlichen Gegenwart im Leben und in der Geschichte der Menschheit. In Jesus war Gott wahrhaftig mitten unter uns. Und als er die Erde wieder verließ, sandte er den Heiligen Geist als seinen aktiven Botschafter in die Welt, wie die Geschichte der ersten christlichen Gemeinden zeigt. Gemeinden wachsen, weil Gott gegenwärtig ist und handelt. Dass er Gebete erhört und Menschen verändert, ist eine Kernbotschaft des Neuen Testamentes.

Zweifelnden Leuten rate ich dazu, mit dem Beten anzufangen und so zu leben, als wäre Gott tatsächlich aktiv in unserer Welt; denn dann wird er sich uns zeigen oder etwas bewirken.

Alle, die nicht an Gott glauben, fordere ich dazu auf, selbst zu testen, ob Gott da ist und wirkt. Mach ein Experiment – führe gewissermaßen einen wissenschaftlichen Versuch durch. Sage einfach: „Gott, ich weiß nicht, ob du in meinem Leben wirklich eine Rolle spielen möchtest, aber ich will mich dem nicht verschließen." Du kannst auch ruhig zugeben: „Gott, ich weiß nicht einmal, ob du überhaupt existierst, aber ich möchte dir eine reelle Chance geben, dich mir zu zeigen. Wenn du in meinem Leben eine aktive Rolle spielen willst, dann zeige dich mir bitte." Verlange von Gott aber nicht, er möge dir in einer ganz bestimmten Art und Weise antworten; überlass ihm diese Entscheidung. Aber dann sei hellwach und achte auf das, was geschieht. Ich bin fest davon überzeugt, dass Gott den Menschen, die den aufrichtigen Wunsch haben, ihn kennenzulernen, antwortet. Sei bereit, dein Weltbild zu ändern! Versuche, die in diesem Buch erwähnten geistlichen Disziplinen zu praktizieren. So schaffst du Raum für das Handeln Gottes. Ich bin überzeugt, dass er auch in deinem Leben wirken und sich zeigen wird.

Auswirkungen auf das geistliche Leben

Die ersten vier Weltbilder sind nicht nur unvollständig, sondern stellen auch – und das ist in diesem Zusammenhang noch wichtiger – eine unzureichende Grundlage für das spirituelle Leben dar.

Das atheistische Weltbild bietet keinerlei Raum für eine Beziehung zwischen Menschen und Gott. Der Deist glaubt zwar an einen Gott, setzt aber dessen Fähigkeiten, mit den Menschen Verbindung aufzunehmen, enge Grenzen. Göttliche Offenbarungen, Gebete und Anbetung der Menschen haben für ihn nur eine eingeschränkte Bedeutung und werden umdefiniert. Das magische Weltbild dagegen macht Gott zu einer Art Automaten; Religion wird zu einer Suche nach der richtigen magischen Formel. Gott ist ein unpersönliches Wesen und alles Geheimnisvolle ist verschwunden. Die mystische bzw. mittelalterliche Sicht schließlich macht Gott zu einem launenhaften Wesen und spielt die Bedeutung der materiellen Welt, die er geschaffen hat, herunter und raubt dem Leben den Sinn für Ordnung und die Struktur der Gesetzmäßigkeiten.

Das Aufkommen der modernen Wissenschaften und des empirischen Weltbildes in den letzten beiden Jahrhunderten hat die Welt – insbesondere die westliche – radikal verändert. Das heute allgemein anerkannte Weltbild sieht die Welt als ein geschlossenes System und drängt die Menschen automatisch zum atheistischen oder agnostischen Weltbild. Es würde allenfalls noch die deistische Perspektive akzeptieren, die von einem weit entfernten, inaktiven Gott ausgeht.

Wie wir bereits festgestellt haben, sind viele westliche Christen heutzutage in Wahrheit verkappte Deisten. Es fällt ihnen schwer, an die Realität göttlicher Offenbarungen, an die Wirksamkeit von Gebeten oder an den Wert der Anbetung zu glauben, weil sie – oft unbewusst – viel von dem wissenschaftlichen Weltbild und dem Geist der Aufklärung in sich aufgenommen haben. Tief im Inneren bezweifeln die Menschen unserer Zeit – ebenfalls oft unbewusst –, dass Gott in unserer Welt tätig ist. Das geistliche Leben verliert für sie seine Bedeutung und seine Priorität, weil seine Grundlagen zerstört sind. Denn wenn Gott gar nicht in unser Leben eingreift, kann das Gebet auch nichts bewirken – außer vielleicht in mir selbst. Warum sollten wir dann dem Beten und den anderen geistlichen Disziplinen Priorität einräumen? Damit haben wir die hauptsächliche Antwort auf die eingangs gestellte Frage.

Wir brauchen das richtige Weltbild

Damit Spiritualität gedeihen kann, müssen wir zu dem theistischen Weltbild zurückkehren. Wie kann das geschehen? Eine solche Veränderung braucht Zeit, aber schon die Erkenntnis des Problems und der Wunsch, das eigene Denken zu verändern (*metanoia*), ist ein guter Anfang. Gib Gott eine Chance, sich zu zeigen!

Es kann auch hilfreich sein, eine Zeitlang unter Menschen zu leben, die ein anderes Weltbild haben. Mein Aufenthalt in Asien und der ständige Kontakt mit Animisten und Buddhisten, die glauben, dass sie dem Übernatürlichen Tag für Tag begegnen, hat mir geholfen, mein eigenes Weltbild besser zu verstehen und zu erkennen, dass es einer Änderung bedurfte. Sogar eine kurze Reise in einen anderen Kulturkreis kann die eigene Perspektive verändern.

Zum Schluss komme ich auf die Eingangsfrage zurück: Warum fehlt uns der Drang zur Spiritualität? Wenn wir überzeugt sind, dass Gott in unser Leben eingreift, bekommt unser Andachtsleben absolute Priorität. Die Begegnung mit Gott stillt den Hunger nach ihm. Die geistlichen Disziplinen sind der Weg, mit ihm zu kommunizieren. Wer wird schon sein Leben allein bewältigen wollen, wenn er weiß, dass ihm Gottes Führung und Hilfe zur Verfügung stehen?

Einer meiner Professoren hat einmal gesagt: „Einen gebildeten Menschen erkennt man daran, dass er erkennt, welche Konsequenzen sein Glaube hat." Wenn du wirklich glaubst, dass Gott im Leben der Menschen wirkt, dann wird die regelmäßige enge Gemeinschaft mit ihm zur Priorität. Die geistliche Entwicklung und das Andachtsleben stehen dann an erster Stelle und die Gemeinschaft mit Gott beeinflusst alles, was du tust, und gibt dir Kraft.

Kapitel 11

Warum empfinde ich die Disziplinen anders?

*„Als ich begann, mich selbst anzunehmen, wie ich bin,
wurde es viel leichter, vor den zu treten,
der mich so annimmt, wie ich bin."*

*„Mir wurde klar … dass die Dinge, vor denen
ich mich fürchte, mein Leben bestimmen."*

Geistliche Mitpilger

Ausnahmslos vergleichen wir uns mit anderen Menschen. Dabei stellen wir fest, dass wir auch auf geistliche Dinge und Praktiken unterschiedlich reagieren. Etwas, das mich stark berührt, beeindruckt dich vielleicht überhaupt nicht. Du magst Freude am Nachsinnen haben, während mir das schwerfällt. Und auch die Art des Gottesdienstes, die uns anspricht, kann sehr unterschiedlich sein.

Wir vergessen oft, dass Selbsterkenntnis und Gotteserkenntnis eng miteinander zusammenhängen und sich gemeinsam weiterentwickeln. Je besser wir uns selbst verstehen, umso deutlicher können wir Gottes Wirken in unserem Leben erkennen. Mangel an Selbsterkenntnis – insbesondere der Selbstbetrug – stellt ein ernst zu nehmendes Hindernis für das geistliche Leben dar. Wenn wir versuchen zu lernen, wie wir eine Beziehung zu Gott aufbauen können, müssen wir uns auch Fragen über uns selbst stellen. Was das bedeutet, kann ich hier nur andeuten. Aber die meisten Menschen möchten gern mehr über sich selbst erfahren. Deshalb lade ich dich ein, mit mir auf eine kleine Entdeckungsreise zu gehen.

Uns interessieren hier drei Aspekte der Selbsterkenntnis. Der erste ist unser Persönlichkeitstyp, unsere individuelle Veranlagung. Der zweite ist unser Glaubensstil. Es gibt sehr unterschiedliche spirituelle und kirchliche Traditionen, die die Art und Weise, wie wir das Christsein und das geistliche Leben praktizieren, enorm prägen können. Der dritte Aspekt ist der Kulturkreis, in dem wir leben, und unsere individuelle Vergangenheit, durch die all unser Denken und Tun beeinflusst wird.

Auf unserem Weg zur Selbsterkenntnis müssen wir einige Punkte unbedingt beachten. Folgende halte ich für besonders wichtig.

Die Analysen erfassen nicht die ganze Wahrheit. Wir müssen uns davor hüten, uns selbst oder Andere in eine Schublade zu stecken oder sie mit einem Etikett zu versehen. Denn was immer wir auf dieses Etikett schreiben – den Persönlichkeitstyp, die Glaubenstradition oder den kulturellen Hintergrund –, ist nur teilweise korrekt. Alle Klassifikationen weisen unterschiedliche Grade auf, und in jedem Menschen finden wir eine einzigartige Kombination von Merkmalen. Ein bestimmter Persönlichkeitstyp mag zwar im Generellen auf einen Menschen zutreffen, ist aber nur ein unvollständiges Bild seiner vielschichtigen Persönlichkeit.

Gebrauche die Analyse deiner Persönlichkeit nicht als Ausrede für Fehlverhalten oder Faulheit. Den Persönlichkeitstyp oder psychische Verletzungen als Entschuldigung für unangebrachtes Verhalten oder für Untätigkeit in der Pflege der Beziehung zu Gott zu benutzen ist ein falscher Gebrauch dieses Wissens.

Es gibt keinen spirituellen Weg, der für alle gleich gut geeignet ist. Wir sind alle verschieden und sollten daher offen sein für neue Formen der Gemeinschaft mit Gott, die unserer Persönlichkeit entsprechen – und auch Andere dazu ermutigen.

Gott hat dafür gesorgt, dass alle Menschen mit ihm Gemeinschaft haben und sich dabei wohlfühlen können. Weder ein bestimmter Persönlichkeitstyp noch eine bestimmte religiöse Tradition oder psychische Verfassung gibt mir das Recht zu sagen: „Gott hat mich vergessen." Wahres geistliches Leben hat eine so große Bandbreite, dass jeder zu ihm passende Möglichkeiten und Disziplinen finden kann, um mit Gott in Verbindung zu treten.

Die Persönlichkeitstypen

In christlichen Kreisen sind vor allem zwei Tests im Gebrauch um herauszufinden, zu welchem Persönlichkeitstyp jemand gehört.[1] Der erste beruht auf der alten Theorie, dass die meisten Menschen eine Mischung aus zwei von insgesamt vier Temperamenten sind, nämlich dem Sanguiniker (gesellig, fröhlich, impulsiv, unordentlich), dem Melancholiker (kreativ, gefühlsbetont, launisch), dem Choleriker (energisch, willensstark, kühn, streitbar) und dem Phlegmatiker (ruhig, friedlich, zuverlässig, unbekümmert).

Dieses Grundkonzept war bereits den Griechen bekannt; schon Hippokrates hat es beschrieben, aber der deutsch-britische Psychologe Hans Eysenck (1916–1997) hat es am gründlichsten untersucht.[2] Bestsellerautor Tim LaHaye hat in den 1970-iger Jahren einen Test populär gemacht, der auf dieser Theorie beruht.[3]

Dieser Test kann nützlich sein, aber wenn es um das geistliche Leben geht, bevorzuge ich einen anderen – nämlich irgendeine Version des Myers-Briggs Typindikator-Tests (MBTI). Es handelt sich um eine Weiterentwicklung der Persönlichkeitstypologie von Carl Gustav Jung. Katherine Cook Briggs und ihre Tochter Isabel Myers griffen sie auf, führten Messreihen durch und entwickelten diesen Test. Er hat sich nach seiner Veröffentlichung im Jahr 1975 schnell durchgesetzt und ist der weltweit am häufigsten angewandte Persönlichkeitstest. (In Deutschland spielt er aber nur bei der Einstellung von Mitarbeitern in Unternehmen eine Rolle.) Der MBTI ist viel gründlicher als der Temperamente-Test; er erlaubt keine schnelle Einordnung einer Testperson in eine bestimmte Gruppe. Viele Seelsorger benutzen ihn in ihrer Beratungspraxis.

---

1 Ein dritter Test findet neuerdings vor allem bei katholischen Christen Verwendung. Das sogenannte „Enneagramm" geht von neun verschiedenen Persönlichkeitstypen aus. Siehe Richard Rohr und Andreas Ebert, *Das Enneagramm. Die 9 Gesichter der Seele,* Claudius Verlag, München 1989/2010; Markus Becker, *Enneagramm Typen-Test,* Claudius-Verlag, München 2009.

2 Siehe Jens Asendorpf, *Psychologie der Persönlichkeit,* Springer-Lehrbuch.

3 Siehe Tim LaHaye, *Dein Temperament in Gottes Hand,* Telos-Buch 1176, Bad Liebenzell 1980 ff.; Tim LaHaye und Karl H. Neumann, *Geisterfülltes Temperament,* Leuchter-Edition, Erzhausen 1995.

Wenn du ihn noch nicht mitgemacht hast, empfehle ich dir, es nachzuholen. Suche dir einen zugelassenen Tester oder kauf dir ein Buch darüber.[4] Auch diverse Internetseiten bieten den Test an.[5]

Der Myers-Briggs Typindikator-Test (MBTI) fußt auf der Theorie, dass jeder von uns mit bestimmten Veranlagungen geboren wird, die bestimmen, wie wir unsere Umgebung wahrnehmen und wie wir diese Wahrnehmungen verarbeiten und auf sie reagieren. Diese Veranlagungen nehmen auch Einfluss darauf, wie wir unsere Beziehung zu Menschen und zu Gott gestalten und unsere Religion praktizieren. Das geschieht weitgehend unbewusst, ohne dass wir darüber nachdenken; es ist Teil unserer Persönlichkeit.

Im Folgenden möchte ich die verschiedenen Präferenzen kurz und vereinfacht erläutern[6] und sie dann auf das Praktizieren der geistlichen Disziplinen anwenden.[7] Damit beantwortet sich die eingangs gestellte Frage zum großen Teil.

Die erste Kategorie im MBTI-Testergebnis beschreibt Menschen als *extrovertiert oder introvertiert*. Diese Bezeichnungen sind zwar geläufig, werden aber oft missverstanden. Die meisten verstehen unter extrovertiert gesellig und unter introvertiert scheu und zurückgezogen. Die MBTI-Skala handelt jedoch davon, was eine Person aktiviert, sie beschreibt die Motivation zur Sinneserfahrung. Ein *außenorientierter* Mensch ist kontaktfreudiger und handlungsbereiter, ein *innenorientierter* konzentrierter und intensiver. Extrovertierte werden in Gesellschaft angeregt, Introvertierte eher ermüdet. Extrovertierte gehen nach einem geselligen Abend energiegeladen nach Hause, Introvertierte dagegen sind erschöpft. Von beiden Typen gibt es in der deutschen Bevölkerung etwa gleich viele.

---

4 Z. B. Stefanie Stahl, Melanie Alt: *So bin ich eben! Erkenne dich selbst und andere.* Ellert & Richter, 2005; Richard Bents, Reiner Blank: *Typisch Mensch – Einführung in die Typentheorie,* Beltz Test, Göttingen 1995.

5 Siehe z. B. www.philognosie.net/index.php/tests/testsview/31/.

6 Allerlei Beschreibungen in diesem Kapitel sind aus Wikipedia übernommen, siehe http://de.wikipedia.org/wiki/Myers-Briggs-Typindikator.

7 Viele meiner Anwendungen dieser Typologie auf die geistlichen Disziplinen verdanke ich dem Buch von Malcolm Goldsmith, *Knowing Me, Knowing God,* Abingdon, Nashville 1997 (er überträgt alle Testfragen in einen religiösen Kontext).

Den meisten Extrovertierten fällt das Beten schwerer als den Introvertierten; sie beten lieber in der Gruppe als für sich allein. Bei Introvertierten ist es umgekehrt: ihnen fällt es schwer, in Gegenwart Anderer laut zu beten. Für Extrovertierte ist eine stille Zeit etwas eher Beklemmendes, während Introvertierte sich dabei so wohl fühlen wie ein Fisch im Wasser. Extrovertierte Spiritualität möchte die ganze Welt teilnehmen lassen, introvertierte Spiritualität schätzt mehr den persönlichen, inneren Umgang mit Gott. Die meisten Andachtsbücher werden von introvertierten Autoren geschrieben (das Gleiche gilt für Bücher über Spiritualität, auch für das vorliegende). Christliche Kirchen neigen ebenfalls zu einer introvertierten Form der Spiritualität.

Das zweite Präferenzpaar des MBTI-Tests beschreibt die Verarbeitung der Sinneseindrücke, die entweder *sensorisch* oder *intuitiv* erfolgt. Der *sensorische* Geist gewichtet die unmittelbaren Eindrücke am höchsten, der *intuitive* Geist verlässt sich stärker auf seinen „sechsten Sinn", auf seine Vermutungen und Spekulationen. Sensorische Menschen sammeln mithilfe ihrer fünf Sinne Informationen; sie sind detailorientiert und gewandter im exakten Verarbeiten von konkreten Informationen sowie im Einschätzen der Realität; sie denken an das Hier und Jetzt und sind realistischer. Intuitive Menschen sind gewandter im Erkennen von Gesetzmäßigkeiten, Relationen und Möglichkeiten. Sie denken in größeren Zusammenhängen und sind zukunftsorientiert; sie wollen die Welt verändern und sind ständig auf der Suche nach etwas noch Besserem – jedenfalls gedanklich. Es wird davon ausgegangen, dass Sensoriker etwa zwei Drittel bis drei Viertel der Bevölkerung ausmachen. In den Kirchen ist ihr Anteil noch höher; auch die meisten religiösen Leiter gehören dieser Gruppe an.

Für Sensoriker muss Spiritualität einfach sein – nicht wortreich, theoretisch und komplex. Die Intuitiven dagegen gehen gern neue Wege und befassen sich mit offenen Fragen und Geheimnissen. Sensoriker beten gern konkret und nennen die Dinge beim Namen; die Gebete der Intuitiven sind dagegen oft allgemein gehalten. Sensoriker sind sich ihrer Körperlichkeit bewusst und engagieren sich für die Welt, während Intuitive eher von Ideen über diese Dinge fasziniert sind. Sensoriker möchten etwas tun für Gott, während es Intuitiven genügt, über Gott nachzudenken.

Das dritte Merkmalspaar des MBTI-Tests beschreibt die Art und Weise, wie Entscheidungen getroffen werden; es gibt *Fühlende* und *Denker*. Denker betrachten die ihnen vorliegenden Informationen eher von einem rationalen Standpunkt und versuchen, mittels logischen Denkens zu objektiven Erkenntnissen und optimalen Entscheidungen zu gelangen. Da sie Klarheit lieben, kategorisieren sie die ihnen vorliegenden Sinneseindrücke stark. Der Fühlende beachtet seine Emotionen stärker. Er urteilt subjektiv nach seinen Gefühlen und berücksichtigt dabei vorwiegend Werte, Ideale oder zwischenmenschliche Aspekte. Für Fühlende sind bei Entscheidungen in erster Linie die Menschen wichtig, während für die Nachdenklichen bei denselben Entscheidungen die Prinzipien der Gerechtigkeit und Integrität maßgebend sind.

Damit soll keineswegs gesagt werden, dass Fühlende nicht denken oder Denker keine Gefühle haben, sondern lediglich deutlich gemacht werden: Immer, wenn wir uns entscheiden müssen, entweder unseren Gefühlen oder unserem Verstand zu folgen, demonstrieren wir unseren Persönlichkeitstyp. In der allgemeinen Bevölkerung verlassen sich 60 Prozent der Frauen und 40 Prozent der Männer auf ihr Gefühl. Die Kirchen ziehen naturgemäß mehr gefühlsbetonte Menschen an. Nach vorläufigen Zahlen gibt es in den Gemeinden dreimal so viele Fühlende wie Denker.[8]

Im geistlichen Bereich betonen Menschen, die eher nach Gefühl entscheiden, dass Gott eine Person ist, und erkennen sich in den biblischen Bildern und Geschichten mühelos wieder. Sie haben ein Gespür für eine religiöse Atmosphäre, den „Fluss" im Gottesdienst oder die Reaktion der Gemeindeglieder auf eine Predigt. Religiöse Praktiken, die sich zu sehr an den Verstand wenden, stören sie. Denker dagegen betonen gern, dass Gott gerecht, treu und vernünftig ist. Sie präsentieren sich gern als logisch, kühl und analytisch. Es kann für sie eine geistliche Übung sein zu analysieren, was Religion ist. Weil in den Kirchen oft die Gefühle den Ton angeben, fühlen sich die Denker leicht an den Rand gedrängt – besonders

[8] Laut Malcolm, Goldsmith, *Knowing Me, Knowing God*, S. 72.

diejenigen Frauen unter ihnen, die die typischen Vorurteile gegenüber dem weiblichen Geschlecht bekämpfen.

Das vierte MBTI-Merkmalspaar beschreibt die Sicherheit, mit der man Entscheidungen trifft und zu ihnen steht. Entweder ist man offen für neue Eindrücke und bereit, seine Entscheidungen und Pläne zugunsten neuer Informationen zu überdenken (*wahrnehmende* Menschen), oder man hält an einmal getroffenen Entscheidungen und eingeschlagenen Wegen auch unter widrigen Umständen fest (*urteilende* Menschen). Wahrnehmende Menschen handeln spontaner und können sich flexibler unregelmäßigen Umständen anpassen. Urteilende Menschen entscheiden bereits, bevor ihnen alle Informationen vorliegen. Bevorzugt handeln sie systematisch und planmäßig. Falls erforderlich, werden Pläne angepasst, jedoch werden diese ungern völlig verworfen. Der Urteilende hat außerdem eine starke Neigung zum Dominieren und Kontrollieren. Er zeigt im Handeln weniger Spontanität, dafür jedoch mehr Disziplin und Ausdauer.

Das Wortpaar ist missverständlich. Urteilende sind nicht notwendigerweise Menschen, die Leute oder Situationen ständig kritisieren; vielmehr lieben sie Struktur. Sie möchten gern im Voraus wissen, was geplant ist, und erwarten, dass der Plan auch genau eingehalten wird; sie lieben Ordnung und Verlässlichkeit. Wahrnehmende Menschen sind dagegen aufgeschlossen für Alternativen; sie schätzen Flexibilität und Spontanität und kommen mit unklaren Situationen leichter zurecht. Einen wahrnehmenden Menschen in eine straffe Ordnung einzufügen ist schwierig; etwas in letzter Minute zu tun, irritiert dagegen den urteilenden Typ. Bei diesem Merkmalspaar ist ungefähr von einer Gleichverteilung in der Bevölkerung und den Kirchen auszugehen.

Urteilenden Menschen fällt es leicht, feste Andachtszeiten zu planen und auch einzuhalten; wahrnehmende tun sich schwer damit. Jemand hat einmal gesagt, das mönchische Leben mit seinen strengen Regeln sei wie geschaffen für Wahrnehmende, denn sie bräuchten solche Regeln, um ihr Leben in den Griff zu bekommen! Sie neigen zum religiösen Experimentieren, während Urteilende lieber die gewohnten Wege gehen. Sie treffen meist schnelle Entscheidungen, um Klarheit zu schaffen; wahrnehmende Menschen dagegen nehmen sich die Zeit, gründlich über die Dinge nachzudenken, und es macht ihnen nichts aus, dass sie länger brauchen, bis sie eine Entscheidung treffen.

Wir könnten noch viel mehr über die verschiedenen Persönlichkeitstypen sagen, aber wir haben jetzt zumindest eine Vorstellung von ihren Auswirkungen auf unser geistliches Leben. Ich empfehle allen, die sich für das Thema interessieren, dringend, sich weiter damit zu beschäftigen.

Der Einfluss der Glaubenstradition

Selbst ein oberflächlicher Beobachter sieht, dass sich das geistliche Leben in einer traditionellen katholischen Kirche deutlich von dem in einer Pfingstgemeinde unterscheidet. Die Glaubenstradition beeinflusst nicht nur die Art und den Ablauf des gemeinsamen Gottesdienstes, sondern auch das individuelle geistliche Leben.

Bryan Smith hat versucht, die Unterschiede zu systematisieren und praktisch anzuwenden. Er sieht sechs verschiedene spirituelle Traditionen bzw. Schwerpunkte geistlichen Lebens.[9] Zweifellos gibt es auch andere Einteilungen, aber ich finde die von Smith recht hilfreich und möchte sie hier etwas näher erläutern.

Es ist wichtig zu beachten, dass die verschiedenen Traditionen nicht mit bestimmten Glaubensgemeinschaften korrelieren. In einigen trifft man zwei oder drei Traditionen an, aber in den großen Kirchen sind Christen aus fast allen, wenn nicht sogar aus allen Traditionen vertreten.

1. Die kontemplative Tradition betont eine enge persönliche Beziehung zu Gott vor allem im Distanzieren von dem geschäftigen und sündigen Leben dieser Welt. Meditation, Nachsinnen, Stille und kontemplatives Beten kennzeichnen diese Tradition. In der Kirchengeschichte war sie hauptsächlich im Mönchtum verbreitet.

---

[9] James Bryan Smith mit Linda Graybeal, *A Spiritual Formation Workbook*, revidierte Ausgabe, HarperCollins, New York 1999. Smith verdankt Richard Foster sein Konzept der sechs Traditionen.

2. Die Heiligungs-Tradition ist besonders mit John und Charles Wesley und dem frühen Methodismus verbunden. Sie prangert die moralische Nachlässigkeit in der Welt an und sucht nach Wegen, sündige Gewohnheiten zu überwinden und ein aufrichtiges, moralisches Leben zu führen. Ellen White und viele der ersten Adventisten entstammen dieser Tradition.

3. Die charismatische Tradition hebt die aktive Rolle des Heiligen Geistes im Leben des Gläubigen hervor. Die Gegenwart und die Gaben des Geistes, inbrünstiges Beten und gefühlsbetonte Anbetung spornen zur Evangelisation an und erfüllen das Leben mit Kraft. Diese Tradition ist am Beginn des vorigen Jahrhunderts entstanden und hat sich seitdem weit verbreitet.

4. Die Tradition der sozialen Gerechtigkeit. Ihr Leitbild ist die Betonung der sozialen Gerechtigkeit durch biblische Propheten und der Dienst Jesu für leidende Menschen. Geistliches Leben besteht für sie vor allem darin, bedürftigen Menschen in Not zu helfen. Diese Tradition ist in Kreisen verbreitet, die von der liberalen Theologie geprägt sind, die göttliche Offenbarungen verwirft.

5. Die evangelikale Tradition. Sie betont die Verlässlichkeit und Verbindlichkeit der Bibel und den Auftrag, allen Menschen das Evangelium zu verkünden. Sie richtet das geistliche Leben darauf aus, dass die Gläubigen sich auf diese große Aufgabe, die Jesus der Gemeinde übertragen hat, vorbereiten und an ihrer Erfüllung teilnehmen. Die evangelikale Tradition entstand in den 1920er-Jahren als Reaktion auf die liberale Theologie.

6. Die inkarnatorische Tradition hat als Vorbild die Menschwerdung (Inkarnation) des Sohnes Gottes. Der christliche Glaube soll das gesamte Leben durchdringen und die Gegenwart Gottes in allen Lebensbereichen sichtbar werden – in der Familie, bei der Erfüllung der täglichen Aufgaben, auf der Arbeit usw. Diese relativ neue Tradition bringt Elemente der anderen Traditionen zusammen und befasst sich damit, wie sie sich im Alltag auswirken.

Wenn man sich diese Liste ansieht, wird klar, dass kaum jemand vollständig in nur einer einzigen von diesen sechs Traditionen lebt. Jeder von uns verbindet in seinem geistlichen Leben Elemente aus verschiedenen Traditionen, auch wenn eine vorherrschend ist. Das ist auch gut so, weil alle sechs Traditionen Elemente der biblischen Wahrheit enthalten. Daran erinnern uns die Vertreter der verschiedenen Richtungen, und helfen uns so, Extreme zu vermeiden, denn das ist sehr wichtig. Der kontemplative Christ zum Beispiel sollte nicht den Dienst an Anderen vernachlässigen. Wer sich dagegen der sozialen Gerechtigkeit verschrieben hat, darf nicht die Notwendigkeit persönlicher Heiligung und des Gebets aus den Augen verlieren. Und wer in der Heiligungstradition lebt (wie viele Adventisten), darf nicht vergessen, dass er auch aufgerufen ist, Anderen zu dienen und von seinem Glauben zu erzählen.

Wir müssen uns davor hüten, die Traditionen herabzuwürdigen, die sich von unseren eigenen unterscheiden. Der universale Leib Christi profitiert von allen Glaubenstraditionen, und wir sollten uns über sie freuen, statt uns darüber zu beklagen, dass sie anders sind. Für die Vielfalt der Gaben Gottes in seiner Gemeinde auf Erden sollten wir dankbar sein.

Kulturelle und psychologische Hintergründe

Das dritte Element, das wir berücksichtigen müssen, wenn wir uns darüber klarwerden wollen, wer wir sind, ist der kulturelle und psychologische Hintergrund, auf dem wir unsere Beziehung zu Gott gestalten. Darüber könnte man viele Bücher schreiben, aber ich kann hier nur eine kurze Einführung geben, um Interesse an diesem Thema zu wecken, das zweifellos ohnehin zunehmen wird, wenn wir die geistlichen Disziplinen praktizieren.

An der Andrews-Universität habe ich „geistliche Entwicklung" in Kursen unterrichtet, deren Teilnehmer einen sehr unterschiedlichen kulturellen Hintergrund hatten. Dabei ist mir ein Bereich aufgefallen, der einen großen Einfluss darauf hat, wie wir die geistlichen Disziplinen ansehen und sie praktizieren. Es ist der Unterschied zwischen der individualistischen Gesellschaftsordnung in Amerika und Westeuropa und der überwiegend kommunalen Gesellschaftsordnung in asiatischen und afrikanischen Ländern.

Für individualistische Abendländer ist das religiöse Leben eine Privatsache. Echte Gemeinschaft mit Gott (sofern sie überhaupt danach streben) – so meinen sie – erlebt man am besten *für sich allein* durch *persönliches* Bibelstudium, *persönliches* Gebet und das eigene Betrachten der Natur. Eine kommunale Gesellschaft dagegen erlebt die tiefsten religiösen Erfahrungen *in der Gemeinschaft mit Anderen* – in der *gemeinsamen* Anbetung aller, zumindest aber in der eigenen Familie. Dabei studiert man die Bibel im Gespräch mit Anderen, gebetet wird in der Gruppe und auch das Nachsinnen (Meditieren) gelingt am besten zusammen mit Glaubensgeschwistern. In einigen Kulturen schweigen die Menschen, wenn sie tief ergriffen sind; in anderen feiern sie laut und fröhlich. Das zu wissen hilft, uns selbst und Andere besser zu verstehen.

Auch unsere psychologische und emotionale Vorgeschichte beeinflusst unsere Beziehung zu Gott. Während einer Fahrt mit dem Bus von Los Angeles aus unterhielt ich mich mit einer jungen Frau, die als Hostess in einem Nachtclub in Las Vegas arbeitete. Wir redeten über dies und das, aber als sie hörte, dass ich Theologie lehre, wandte sich unser Gespräch Gott zu. Sie wusste nur wenig über das Christentum; daher fing ich an, ihr von Jesus zu erzählen. Als ich davon sprach, dass er Gott mit einem fürsorglichen Vater verglichen habe, blitzte es in ihren Augen zornig auf – sie explodierte förmlich. „Wenn Gott wie mein Vater ist", sagte sie, „will ich nichts mit ihm zu tun haben." Und dann sprudelte es nur so aus ihr heraus – eine Geschichte von nie endenden Vorwürfen, Ablehnung und Lieblosigkeit. Sogar an dem Tag war sie erneut zurückgewiesen worden, kurz bevor sie in den Bus eingestiegen war. Was sie in ihrer Familie erlebt hatte, bestimmte ihre geistliche Wahrnehmung.

Auch wenn deine eigene Lebensgeschichte (hoffentlich) nicht so dramatisch verlaufen ist wie die dieser jungen Frau, hat dennoch das, was du in deiner Familie bzw. in deiner Vergangenheit erlebt hast (vor allem Gewalt in körperlicher, sexueller oder emotionaler Form) einen großen Einfluss auf dein religiöses Leben. Wie deine Eltern und andere Bezugspersonen dich behandelt haben, formt unterschwellig, aber nachhaltig dein Bild von Gott und dein geistliches Leben.

Für die meisten von uns (wenn nicht für uns alle) wäre es ein Gewinn für unser geistliches Leben, wenn wir erkennen würden, in welcher Weise unsere emotionale Vergangenheit heute noch unser Leben bestimmt. Unser psychologisches Profil zu kennen würde vielen von uns auch helfen, unsere Beziehung zu Gott und unser Andachtsleben zu verbessern. Und wer Misshandlung, Herabsetzung oder Vernachlässigung erfahren hat, muss unbedingt an der Reinigung und Heilung solcher Wunden der Vergangenheit arbeiten, bevor er eine vertrauensvolle Beziehung zu Gott aufbauen kann.[10] Manchmal ist dazu professionelle Hilfe erforderlich.

Wer sind wir, Gott? Wir sind unglaublich unterschiedliche, einzigartige, vielschichtige Menschen, die du, Herr, von Herzen liebst.

Je besser wir verstehen, was das für uns und andere Menschen bedeutet, umso klarer vermögen wir zu erkennen, warum unser geistliches Empfinden und Erleben sich von dem anderer Christen unterscheidet. Wenn wir das begriffen haben, können wir eine gesunde und stabile Beziehung zu einem fürsorglichen Gott aufbauen, ohne die Erfahrung Anderer zum Maßstab für uns zu machen.

[10] Wertvolle Hinweise und Anleitungen dazu findet man in dem Buch von Nancy und Ron Rockey, *Wie Gefühle heilen können nach Verletzungen in der Kindheit,* Advent-Verlag, Lüneburg 2004, 2. Auflage 2006.

Kapitel 12

Sind die geistlichen Praktiken legalistisch?

„Ich bin froh, dass ich gezwungen war,
bezüglich meines Andachtslebens aufzuwachen."

„Lange habe ich geglaubt: Wer eine Beziehung zu Jesus pflegt,
muss nahezu vollkommen sein. Ich bin froh, dass Gott
mich von diesem Irrtum befreit hat … Ich weiß jetzt,
dass Gott mir auch in meiner Schwäche begegnet."

„Es ist paradox: Je mehr Zeit ich mir für Andacht nehme,
desto mehr Zeit habe ich für andere Dinge."

Geistliche Mitpilger

In den Kursen, in denen ich „Geistliche Entwicklung" unterrichte, verlange ich von den Studenten, dass sie Andacht halten, und zwar in jeder Woche dreieinhalb Stunden irgendeiner Art von Besinnung, verteilt über mindestens vier Tage. Jede Woche müssen sie darüber einen einseitigen Bericht abgeben. Jedes Mal erheben einige Studenten Protest. Solches Einhalten und Berichten bestimmter Zeiten, sagen sie, sei unnatürlich und legalistisch (gesetzlich); es zerstöre jede geistliche Spontanität. Geistliches Leben – so meinen sie – müsse frei sein von allen Zwängen.

Ich gebe ihnen dann zu bedenken, dass die Spontanität wohl kaum darunter leidet, wenn man aufschreibt, wann die Andacht begann und wann sie aufhörte. Außerdem ließe ich ihnen ja völlig freie Hand bei der Gestaltung dieser Zeit. Sie dürften doch selbst entscheiden, ob sie einfach nur still sind, nachsinnen, beten, lesen, christliche Lieder hören, zeichnen, in der Natur spazieren gehen oder etwas anderes tun, das sie mit Gott verbindet. Die meisten Studenten sagen am Ende der Woche, dass diese Erfahrung gut für sie war. Viele von denen, die anfangs protestiert haben, sagen hinterher, dass der Zwang zu berichten ihnen verdeutlicht hat, wie wenig Zeit sie sonst mit Gott verbracht haben. Am Ende sind die meisten dankbar für die von mir vorgegebene Struktur.

Dennoch ist die anfängliche Frage der Studenten berechtigt und in einem größeren Zusammenhang sogar sehr wichtig. Christen, die zur Gesetzlichkeit neigen, können die geistlichen Disziplinen in ein lebensfeindliches Gesetz verwandeln. Feste Andachtszeiten können sogar dazu missbraucht werden, sich den Himmel und Gottes Gunst verdienen zu wollen. Wenn das geistliche Leben jedoch Ausdruck einer ehrlichen Suche nach Gemeinschaft mit Gott und einer inneren und äußeren Erneuerung ist, werden die geistlichen Praktiken zu einem freudigen Ereignis, das uns frei macht. Dieses Kapitel möchte erklären, inwiefern und warum es wirklich so ist.

Das Verhältnis Gnade und menschliches Bemühen

Einige scharfsinnige Studenten stellen eine noch grundsätzlichere Frage: Geschieht Erlösung nicht allein aus Gnade und ist deshalb ein reines Geschenk Gottes? Wenn dem aber so ist, können dann Andacht und andere geistliche Disziplinen irgendetwas zur Erlösung beitragen? Oder anders gefragt: Sind wir durch das, was Jesus für uns getan hat, zwar ohne unser Dazutun mit Gott versöhnt, müssen nun aber aus eigener Kraft durch die Werke der Andacht ein geheiligtes Leben führen? Werden wir zwar gerechtfertigt und mit Gott versöhnt durch den Glauben, aber geheiligt durch unsere Werke, zu denen auch unser Andachtsleben gehört?

Richard Foster beantwortet diese Frage kurz und bündig: „Die Analyse ist richtig – menschliches Streben *ist* ungenügend und Gerechtigkeit *ist* ein Geschenk Gottes – aber die Schlussfolgerung ist falsch. Glücklicherweise können wir etwas tun.“[1]

---

[1] Richard Foster, *Celebration of Discipline*, S. 7 (Hervorhebungen von ihm).

Foster will damit sagen, dass wir wirklich aus Glauben gerechtfertigt *und* geheiligt werden; beides ist Gottes Werk. Daraus jedoch den Schluss zu ziehen, dass wir nichts tun können oder sollen, ist nicht korrekt. Wir müssen die geistlichen Disziplinen praktizieren; denn sie bringen uns in die Gegenwart Gottes, sodass er durch seinen Geist neue Menschen aus uns machen und uns neues Leben schenken kann. Die geistlichen Disziplinen – richtig verstanden – sind laut Foster „Gnadenmittel", die Gott benutzt, um mit seiner Kraft in uns zu wirken. Sie können uns nicht erlösen – das kann nur Gott. Wenn wir es aber unterlassen, mithilfe der geistlichen Disziplinen Gemeinschaft mit ihm zu suchen, verlieren wir die Gnade und Liebe Gottes nach und nach aus den Augen, so wie es in allen Beziehungen geschieht, die nicht ständig gepflegt werden.[2]

In meinen Augen beschreibt der Titel eines Buches von Donald Postema am besten, welche Rolle die geistlichen Disziplinen spielen: *Space for God:*[3] Sie schaffen *Raum* für das Wirken Gottes. Vor meinem geistigen Auge sehe ich mein Leben als unaufgeräumtes, viel zu volles Zimmer. Viele Stimmen fordern lautstark meine Zeit und meinen Einsatz. Es stehen so viele Möbel und Kartons herum, dass ich bei dem Bemühen, allen Anforderungen gerecht zu werden, oft stolpere und strauchle. Immer neue Aufgaben stapeln einen Karton auf den anderen und stellen immer mehr Zeug in den Raum. Gutes steht dem Besten im Wege, und auch für Gott ist kein Platz mehr da. Aber die geistlichen Disziplinen schaffen in diesem übervollen Zimmer Raum für Gott, sodass er eintreten, da sein und wirken kann. Einige Kartons werden umgeräumt, entfernt oder in den Müll gebracht. So schaffe ich Raum für die Begegnung mit Gott. Und je größer der Raum ist, den ich für ihn bereitstelle, desto besser kann er mich erreichen, und umso mehr Ordnung kann Einzug halten und alles mit Sinn erfüllen. Es ist Gott, der alles in uns vollbringt – wir öffnen nur die Tür, damit er eintreten kann (siehe Offb 3,20). Sein Handeln ist reine Gnade – die geistlichen Disziplinen schaffen nur den Raum für sein Wirken in unserem Leben.

[2] Siehe dazu ausführlicher Morris Venden, *95 Thesen über die Erlösung aus dem Glauben*, Advent-Verlag, Lüneburg 2009, Thesen 22 und 47 bis 54.

[3] Donald Postema, *Space for God*, Bible Way, Grand Rapids (Michigan) 1983.

Training

Man kann auch noch anders verdeutlichen, wie die geistlichen Disziplinen in unserem Leben wirksam werden. John Ortberg benutzt das Bild des Trainings für einen Wettkampf (wie es bereits Paulus getan hat, siehe 1 Kor 9,24–27) und diskutiert dieses Thema unter der Überschrift „Trainieren gegenüber versuchen".[4] Die geistlichen Disziplinen sind deshalb wirksam, weil sie uns gut für das Leben trainieren. Gute Athleten gewinnen ihre Rennen nicht allein, weil sie ihr Bestes geben, sondern weil sie gut trainiert haben. Sie mögen zwar willensstark sein, aber wenn sie nicht trainiert haben, werden sie trotzdem nur den letzten Platz belegen. Auch Musiker mögen viel Willenskraft besitzen, aber wenn sie nicht üben, werden sie nicht gut spielen. Erst das Üben verhilft den Musikern zur Spontanität und zu Freiheit. Wenn es zu einer guten Leistung geführt hat, ist das natürlich und spontan erfolgt, nicht durch pure Willenskraft. Ähnlich ist es mit einem Menschen, der für ein Leben mit Gott gut trainiert hat: Das Training hat Gott zu seinem Leben Zugang gegeben und dann hat er ihn befähigt und gestärkt. Die Ergebnisse kommen dann aus Gnade und scheinbar ohne Anstrengung.

Um Missverständnissen vorzubeugen, will ich noch einmal betonen, dass die geistlichen Disziplinen bzw. unser Andachtsleben …

- *kein Weg sind, um sich bei Gott Verdienste zu erwerben.* Wir können nichts tun, um von ihm angenommen zu werden. Gott nimmt uns nur deshalb an, weil er uns liebt und Jesus für all unsere Schuld bezahlt hat. Die geistlichen Disziplinen sind die Reaktion auf diese Liebe – der Ausdruck unseres Wunsches, mit diesem Gott der Liebe und diesem barmherzigen Erlöser zu kommunizieren.
- *keine legalistischen Regeln darstellen.* Wir dürfen die geistlichen Disziplinen niemals als starre Vorschriften betrachten, die befolgt werden müssen. Sie sind vielmehr Wege, die zur Gemeinschaft mit Gott führen. Sie vorzuschreiben hieße, das geistliche Leben zu ersticken und seinen eigentlichen Sinn zu zerstören.

---

[4] John Ortberg, The Life You've Always Wanted, Grand Rapids (Michigan), 1997, S. 45–62 (auf Deutsch: *Das Leben, nach dem du dich sehnst*, Gerth Medien, Asslar 1998).

- *in ihrem äußeren Vollzug kein Indikator eines echten geistlichen Lebens sind.* Das bloße Praktizieren geistlicher Disziplinen sagt nicht notwendigerweise etwas darüber aus, ob eine Person wirklich Fortschritte macht in ihrer Beziehung zu Gott. Sie könnte ja auch legalistisch motiviert sein oder sich einfach nur dazu verpflichtet fühlen, ohne mit dem Herzen dabei zu sein. Wenn jemand die Bibel liest, ohne Gott zu lieben, bleibt sein Herz verhärtet und unberührt. Und als Menschen mit nur begrenztem Wissen sollen wir nicht über Andere urteilen (siehe Mt 7,1; 1 Kor 4,5).
- *nicht dadurch wirken, dass sie unsere Willenskraft stärken.* Vielmehr ebnen die geistlichen Disziplinen – in Verbindung mit einem suchenden Herzen – den Weg, damit Gottes umwandelnde Macht in uns wirken kann. Dadurch werden wir so verwandelt, dass wir nun natürlicherweise beginnen, richtig zu handeln – im Umgang mit Menschen und dem, was uns begegnet. Willenskraft und erzwungene Anbetung können uns niemals nachhaltig verändern.

Die geistlichen Disziplinen dagegen – recht eingesetzt – …

- *entspringen aus einem vom Heiligen Geist inspirierten Suchen nach Gott oder sind das Ergebnis seiner bereits in uns wirkenden Gnade und Liebe.* Mit anderen Worten: Die geistlichen Disziplinen sind nicht der Weg, auf dem wir zu Gott finden, sondern sind unsere Antwort auf sein Suchen nach uns und/oder auf den Hunger nach ihm, den er in uns hineingelegt hat. Die Erkenntnis dieser Wahrheit bewahrt uns vor Gesetzlichkeit und dem zwanghaften Befolgen von geistlichen Regeln und Praktiken.
- *ermöglichen es Gott, in uns zu wirken und uns umzuwandeln.* In einer Welt, in der Hektik und das Böse sich verschworen haben, uns so zu beschäftigen, dass wir keine Zeit mehr für das wirklich Wichtige haben, schaffen die geistlichen Disziplinen Raum und Zeit für Gottes Geist, um uns zu berühren, zu formen und zu erneuern.
- *trainieren uns in Gerechtigkeit.* Das Christenleben ist ein Wachstumsprozess und eine Pilgerreise. „Gerechtigkeit" wird nicht über Nacht verwirklicht. Unser göttlicher Coach benutzt die geistlichen Disziplinen, um uns zu seinem Bild heranreifen zu lassen.
- *bewirken eine heilige Spontanität.* Manche meinen, die geistlichen Disziplinen dürften nur ganz spontan aus Antrieb des Geis-

tes praktiziert werden. Natürlich darf es eine gewisse Spontanität bei der Wahl der speziellen Praktiken zur geistlichen Entwicklung geben. Manche sehen das Praktizieren geistlicher Disziplinen als spontane Antwort auf Gottes Gnade. Andererseits kann man sich aber dem erforderlichen geistlichen Training nicht „spontan" entziehen und dennoch erwarten, zu wachsen. Wahre Spontanität und Freiheit gibt es für Musiker erst dann, wenn sie so gut geübt haben, dass ihre Leistung aus ihrem inneren Vermögen kommt. Ähnlich ist es auch beim geistlichen Training.

Bei der Ausübung geistlicher Disziplinen muss man immer einen Mittelweg finden zwischen einem festen Plan und der freien Gestaltung, zwischen Disziplin und Spontanität, zwischen Gesetz und Geist. Eine gewisse Struktur, Ordnung oder Lebensregeln müssen auch im Rahmen der oben erläuterten Gnade akzeptiert werden, aber die Struktur muss in den Details viel Raum lassen für Freiheit, und die Freiheit muss die individuelle Situation und die Neigungen sowie das individuelle Wissen und den Persönlichkeitstyp berücksichtigen. Und wir dürfen eine bestimmte geistliche Praxis nicht zur Norm für alle machen. (Auf diesen allgemeinen Grundsatz werde ich in Kapitel 13 noch ausführlich eingehen.)

Gottes Aufruf an uns

Auf diesem Hintergrund plädiere ich entschieden dafür, im Praktizieren der geistlichen Disziplinen einer grundlegenden Struktur zu folgen. Zwei wichtige Fakten sollten uns dazu motivieren.

Gott fordert uns ausdrücklich dazu auf, uns in der Frömmigkeit und den geistlichen Disziplinen zu üben. Paulus ermahnte Timotheus: „Übe dich selbst aber in der Frömmigkeit" (1 Tim 4,7). Eine englische Übersetzung sagt: „Trainiere dich, fromm zu sein" (NIV). Und er fügte hinzu: „ ... denn die leibliche Übung [das körperliche Training] ist zu wenigem nütze, die Gottseligkeit aber ist zu allen Dingen nütze, weil sie die Verheißung des Lebens hat, des jetzigen und des zukünftigen." (V. 8 EB)

Manche sehen in dieser Aussage lediglich eine Aufforderung, ein heiliges Leben zu führen, das heißt, Paulus fordere Timotheus zu heiligen *Taten* auf. Das tut er auch, aber seine Aufforderung reicht tiefer. Heiligkeit ist eine Qualität des Lebens, die sich nur in der Gemeinschaft mit dem entwickeln kann, der allein heilig ist. Sich in der Frömmigkeit zu üben bedeutet nicht nur, ein heiliges Leben zu führen, sondern soll auch eine Umwandlung des inneren Wesens bewirken, und zwar durch die regelmäßige Kommunikation mit der Quelle aller Heiligkeit in einem aktiven geistlichen Leben.

Paulus rief die Christen nicht nur zum geistlichen Training und zur Disziplin dabei auf (siehe 1 Kor 9,24–27), sondern auch zu bestimmten geistlichen Aktivitäten wie zum Beispiel zu gemeinsamer Anbetung und zur Gemeinschaft (siehe Hbr 10,25), zum Singen und Danken (siehe Eph 5,19.20) und vor allem zum Beten, dem Herzstück des Andachtslebens. Er ermahnte die Gemeindeglieder in fast allen seinen Briefen zu beten, zum Beispiel: „Seid beharrlich im Gebet und wacht in ihm mit Danksagung!" (Kol 4,2) Er sagte, dass sie „in allen Dingen" ihre „Bitten im Gebet" vor Gott bringen sollen (Phil 4,6). An einer anderen Stelle fordert er sie auf, „ohne Unterlass" zu beten, denn das sei der Wille Gottes für uns (1 Ths 5,17.18). Das Neue Testament macht also ganz deutlich, dass Gott von seinen Kindern erwartet, ständig und beharrlich zu beten.

Jesus und seine ernsthaften Nachfolger in allen Jahrhunderten haben die geistlichen Disziplinen praktiziert. Er begann seinen Dienst damit, dass er sich vom Geist in die Wüste führen ließ. Viel ist über die Versuchungen geschrieben worden, die Jesus erlebte, aber den Sieg errang er durch die Gemeinschaft mit Gott. Der Teufel trat zu ihm, nachdem Jesus 40 Tage gefastet und gebetet hatte (Mt 4,2.3). Die Prüfung erfolgte nach einer Phase intensiver Gemeinschaft mit Gott. Die Gemeinschaft mit Gott als auch diese Prüfung bildeten das Fundament des Dienstes Jesu.

Jesus hat sein Werk auf Erden nicht nur mit Beten begonnen, sondern er betete auch während seines gesamten Dienstes (siehe Mk 1,35; Mt 14,22.23; Lk 11,1–4 u. a.). Die Hauptphase seines irdischen Dienstes schloss er kurz vor seiner Kreuzigung mit intensivem Beten in Gethsemane ab (siehe Mt 26,36–46).

Die erste christliche Gemeinde folgte seinem Beispiel und widmete sich dem Beten (siehe Apg 2,42; 4,24–31; 12,5).

Genauso machten es die ernsthaften Nachfolger Christi durch die Jahrhunderte hindurch. Edward M. Bounds beschreibt diese Christen – viele von ihnen waren Protestanten – in seinem lesenswerten Buch *Kraft durch Gebet.*[5] Zu ihnen gehören auch die großen Heiligen Gottes – von Martin Luther über John Wesley bis Billy Graham. Gott möchte, dass auch wir die geistlichen Disziplinen pflegen.

Zusammenfassung

Gott benutzt vor allem drei verschiedene Katalysatoren, um uns umzuwandeln. Der erste sind Menschen. Familienmitglieder, Freunde und sogar Feinde können in seiner Hand Werkzeuge sein, um uns zu formen. Zweitens benutzt er Umstände. Sowohl gute als auch schlechte Erfahrungen benutzt Gott dazu, um uns zu formen (siehe Röm 8,28 EB). Weder Menschen noch Umstände unterliegen unserer Kontrolle. Wir können all den Menschen, denen wir im Leben begegnen, nicht vorschreiben, was sie tun sollen. Auch auf die Umstände haben wir im Allgemeinen wenig Einfluss, wohl aber auf den dritten Katalysator, die geistlichen Disziplinen.[6] Es ist unsere Entscheidung, ob wir sie praktizieren oder nicht. Die geistlichen Disziplinen unterscheiden sich auch von den anderen beiden Katalysatoren darin, dass sie von innen nach außen wirken und nicht von außen nach innen.

Sollten wir nicht diese, von Gott für uns geschaffenen Hilfsmittel zur inneren Umwandlung regelmäßig nutzen?

Richtig verstanden, sind die geistlichen Disziplinen keine legalistische Last, die wir tragen müssen, sondern der gnädige Weg Gottes, um uns in der Frömmigkeit und dem Christsein zu trainieren. Diesem Pfad des Lebens zu folgen bringt Freude – nicht Sorge, Frieden – nicht Stress, Freiheit – nicht Abhängigkeit, Hoffnung – nicht Verzweiflung. Kurzum, es ist der Weg zu wahrem Leben.

Entscheide dich bitte, ihn zu gehen.

---

[5] Edward M. Bounds, *Kraft durch Gebet,* Herold Schriftenmission, Frankfurt 1993.

[6] Donald S. Whitney, *Spiritual Disciplines for the Christian Life*, NavPress, Colorado Springs (Colorado), 1991, S. 17f.

Kapitel 13

Was sind die Stadien geistlicher Entwicklung?

„Mir ist klargeworden: Mein geistliches Ringen in den vergangenen Jahren steht in direktem Zusammenhang mit meinem Bestreben, Gott zu kontrollieren."

„Für mich ist es wichtiger, jeden Tag mit Gott zu wandeln, als ein Ziel zu erreichen."

Geistliche Mitpilger

Jede biologische Entwicklung lässt verschiedene Wachstumsstadien erkennen. Ein Samenkorn keimt, der Keim wächst und entwickelt sich zu einer Pflanze. Babys werden gezeugt, dann geboren und reifen schließlich zu erwachsenen Menschen heran. Es ist legitim zu fragen, ob es auch im geistlichen Leben solche Wachstumsstadien bzw. Entwicklungsstufen gibt. Meiner Meinung nach gibt es sie, und in diesem Kapitel werden wir uns mit ihnen beschäftigen.

Der geistliche Wachstumsprozess

Die Bibel gebraucht das biblische Bild des biologischen Wachstums, um das christliche Leben zu beschreiben. Wachstum geht mit allmählichen Veränderungen einher; es ist keine radikale Umwandlung, die in einem Augenblick geschieht. Jesus erklärte:

> [Das Reich] Gottes kann man vergleichen mit einem Bauern und der Saat, die er auf sein Feld sät. Nach der Arbeit geht er

> nach Hause, schläft, steht wieder auf, und das tagaus, tagein. Im Laufe der Zeit wächst die Saat ohne sein Zutun heran. Denn die Erde lässt die Frucht aufgehen und wachsen. Zuerst kommt der Halm, dann die Ähre und endlich als Frucht die Körner. Wenn aus der Saat das reife Getreide geworden ist, lässt der Bauer es abmähen, denn die Erntezeit ist da. (Mk 4,26–29 Hfa)

Pflanzen wachsen, weil im Samen Lebenskraft ist, und der Boden, die Sonne und der Regen alles zur Verfügung stellen, was außerdem zum Wachstum nötig ist. Der Bauer selbst kann die Saat nicht wachsen lassen – er versteht nicht einmal alles, was dabei vor sich geht; er fördert nur den Wachstumsprozess und genießt später die Früchte.

Die Kraft der göttlichen Botschaft ist der Same, und das geheimnisvolle, gnädige Wirken Gottes in unserem Leben – zum großen Teil durch die spirituellen Disziplinen vermittelt – lässt uns wachsen und geistlich reifen.

Die Tatsache, dass Wachstum Zeit braucht, sollte uns Christen im geistlichen Leben geduldiger machen. Wenn wir dem Ruf Gottes Folge geleistet haben, dürfen wir weder von uns selbst noch von Anderen baldige Reife erwarten. Die Entscheidung, Gott zu suchen, ist erst der Beginn des Wachstums, nicht seine Vollendung – der Anfang, nicht der Abschluss. Es geht auch nicht nur um unser eigenes Wachstum, sondern auch um das unserer Mitchristen. Die Gaben und Segnungen, die Gott seinem Volk schenkt, wenn sie Gemeinschaft mit ihm pflegen, sollen sie einsetzen, um auch Anderen zu helfen, „zu mündigen Christen heran[zu]reifen" (Eph 4,13 Hfa; vgl. V. 11–14). Indem wir Anderen helfen zu reifen, fördern wir auch unser eigenes Wachstum.

Der Aspekt des geistlichen Wachstums ist im Christsein so wichtig, dass Robert Mulholland ihn in seiner Beschreibung der vier Elemente der geistlichen Bildung an die erste Stelle stellt.[1] Das hilft uns zu erkennen, dass wir uns auf einer dynamischen Reise befinden. Die Entscheidung, Jesus zu dienen, die wir vielleicht vor einigen Jahren getroffen haben, genügt für das Heute nicht. Sie muss

[1] Siehe M. Robert Mulholland Jr., *Invitation to a Journey*, InterVarsity Press, Downers Grove (Illinois), 1993, S. 12, 15, 19–24.

– einem Samenkorn gleich – wachsen und reifen, sonst verliert sie ihre Wirksamkeit. Unser Verlangen nach sofortiger geistlicher Reife müssen wir aufgeben und stattdessen zu einer lebenslangen Pilgerreise mit Jesus bereit sein.

Es stimmt, dass wir manchmal (wie Kinder) plötzliche Wachstumsschübe erleben, Zeiten schnellen geistlichen Fortschritts. Darüber sind wir zu Recht glücklich, aber das sollte uns nicht dazu verleiten zu meinen, wir seien schon zur Reife gelangt. Es sind vielmehr nur Abschnitte in Gottes Absicht für unser christliches Leben. Der „schmale Weg“ (Mt 7,14) ist holprig, und nach und nach werden wir verstehen, dass zum Wachstum auch schwere Zeiten gehören, die Gott dazu benutzen kann, uns ans Ziel zu bringen.

Es ist nur natürlich, dass Gelehrte versucht haben, den geistlichen Wachstumsprozess in verschiedene Phasen oder Stufen einzuteilen. Biologen haben die Entwicklungsstadien der Pflanzen und Tiere beschrieben; dasselbe haben Forscher versucht, die sich mit dem geistlichen Leben beschäftigen. Im Folgenden möchte ich die vier wichtigsten Erklärungsversuche erläutern, die sich für geistliche Pilger als hilfreich erwiesen haben. Wir können sie sowohl als Gesamtüberblick über unsere Reise zu Gott verstehen als auch als Weg zur Ganzheit in einem bestimmten Lebensbereich.

Zuerst stelle ich – etwas ausführlicher – das Wachstumsmodell vor, das meines Erachtens besonders hilfreich ist. Danach erwähne ich drei andere Modelle, die manchem besser gefallen.

Pecks vier Entwicklungsstadien

Die Arbeiten des Psychiaters Scott Peck (1936–2005) sind meines Erachtens besonders hilfreich für den durchschnittlichen Leser, der versucht, seine geistliche Pilgerreise zu verstehen. In Vorlesungen und Büchern hat Peck seine Vier-Stadien-Theorie erläutert.[2]

[2] Siehe M. Scott Peck, *The Different Drum*, Simon and Schuster, New York, 1987, S. 186–208, (auf Deutsch: *Gemeinschaftsbildung, Der Weg zu authentischer Gemeinschaft*, Eurotopia Verlag, Bandau 2007) und *Further Along the Road Less Traveled* (auf Deutsch: *Weiter auf dem wunderbaren Weg*, Goldmann 1997), Simon and Schuster, New York, 1988, S. 119–134.

Diese vier Entwicklungsstadien nennt er:

1. Das chaotische, antisoziale Stadium,
2. das formale, institutionelle Stadium (während dem der Gläubige feste Strukturen wünscht und schätzt),
3. das skeptische, individualistische Stadium, das man auch die agnostische Phase nennen kann,
4. das mystische Stadium oder die Gemeinschaftsphase.[3]

Im 1. Entwicklungsstadium sind Menschen *antisozial* eingestellt, weil sie sich nur um sich selbst kümmern. Sie sind spirituell noch unterentwickelt. Ihr Leben ist in gewisser Hinsicht *chaotisch* und ungeordnet, weil es in ihm keine festen Grundsätze gibt.

Die meisten kleinen Kinder und etwa ein Fünftel aller Erwachsenen sind in diesem Stadium. Die Erwachsenen haben oft ernsthafte soziale Probleme, manche werden zu Kriminellen. Andere, intelligente Erwachsene lernen, das Passende zu tun, und legen in der Gesellschaft ein angemessenes Verhalten an den Tag, leben aber ohne moralische Prinzipien und bleiben daher in diesem 1. Stadium. Sie sind nur auf ihre Selbsterhaltung bedacht und verhalten sich sehr egoistisch und manipulativ.

Den meisten Leuten wird irgendwann klar, dass ihr Leben im 1. Stadium unproduktiv ist. Oft kommen sie ganz plötzlich zu dieser Einsicht und ändern sich. Manche erleben auch eine religiöse Bekehrung. Einige bekehren sich vor allem zu einer festen Struktur, wie sie sie auch in einem straff organisierten Unternehmen oder beim Militär finden würden. Solche „bekehrte Menschen" schätzen diese straffe Ordnung, weil es ihrem bis dahin ungeordneten Leben eine neue Richtung und ein Ziel gegeben hat.

Viele Gemeindeglieder befinden sich noch in diesem 2. Entwicklungsstadium; wir nennen es *institutionell,* weil diese Christen ihren Halt in der Institution der Kirche bzw. den Strukturen ihrer Religion gefunden haben; und wir bezeichnen sie auch als *formal,* weil sie an Formen und Strukturen der Religion gebunden sind. Deshalb regt es diese Christen auch auf, wenn zum Beispiel die Liturgie oder der Ablauf des Gottesdienstes verändert wird. Moderne Bibel-

[3] Siehe dazu auch http://de.spiritualwiki.org/Wiki/Stufenmodelle#toc19.

übersetzungen und neue Lieder irritieren solche Gemeindeglieder sehr. Sie haben das Gefühl, wieder zurückzugleiten in das Chaos, dem sie gerade entkommen waren. Christen im 2. Entwicklungsstadium dienen einem Gott, der für sie irgendwo in der Ferne existiert. Den Gedanken, dass Gott durch seinen Geist in ihnen wohnen möchte (siehe 1 Kor 6,19), können sie zwar theoretisch akzeptieren, aber nicht praktisch verwirklichen.

Kinder, die in einer stabilen und liebevollen Familie aufwachsen, durchlaufen das 1. Stadium oft nicht in einer aufsässigen, rebellischen Weise, sondern übernehmen die Werte und den Glauben ihrer Eltern. Sie identifizieren sich mit deren wichtigsten moralischen Prinzipien und fühlen sich im 2. Stadium wohl.

Manche bleiben ihr Leben lang in dieser Phase stehen, aber viele gehen weiter zum 3. Stadium: Sie werden *skeptisch*. Der Übergang findet oft im Jugendalter statt. Die jungen Leute fangen an, die einfachen Antworten ihrer Eltern und Lehrer infrage zu stellen. Bei manchen von ihnen kommt dieser Zeitpunkt auch erst später, zum Beispiel wenn sie plötzlich im Studium mit neuen intellektuellen Herausforderungen konfrontiert oder von Institutionen bitter enttäuscht werden, denen sie vertraut hatten. Einst schienen sie fest im Glauben zu stehen, aber nun zweifeln sie an Gott; manche werden *agnostisch*. Für ihre Eltern und Freunde ist das sehr beunruhigend und auch sie selbst sind verwirrt.

Durch Liebe, Verständnis, Fürsorge und Gottes Gnade sind viele von ihnen in der Lage, das 4. Stadium zu erreichen. Peck nennt es das *mystische* – ein Wort, das in den Ohren mancher Christen gefährlich klingt. Er will damit zweierlei sagen. Erstens, dass die Leute, die das 4. Stadium erreicht haben, die tieferen Zusammenhänge erkennen. Sie fangen an, das bisher Gelernte und Erlebte neu einzuordnen und besser zu verstehen, als sie es bis dahin konnten. Gott bekommt eine immer größere Bedeutung in ihrem Leben. Zweitens: Christen in diesem 4. Stadium können mit Unergründlichem, dem *Mysterium* (Geheimnis) leben (von diesem Wort ist *mystisch* abgeleitet). Nicht alle Fragen finden während unseres Lebens eine Antwort; aber da Gott die Antwort kennt, können wir ihm die Geheimnisse überlassen und beruhigt weiterleben.

Christen im 4. Stadium sind auch *gemeinschaftsorientiert;* sie überwinden den selbstsüchtigen Individualismus des 3. Stadiums und werden durch ihren Dienst und ihre Fürsorge zum Segen für ihre Mitmenschen.

Bei dieser Theorie der vier Entwicklungsstadien von Scott Peck müssen wir Folgendes beachten.

Menschen jeden Alters (außer kleinen Kindern) können sich in jedem beliebigen Stadium befinden. Zwar treffen wir in einem bestimmten Stadium oft Gleichaltrige an, aber ich habe auch Jugendliche erlebt, die bereits früh Merkmale des 4. Stadiums erkennen ließen; andererseits bleiben manche Erwachsene Zeit ihres Lebens im 1. Stadium stehen.

Man kann sich auch zurückentwickeln bzw. rückfällig werden. Wenn jemand, der versucht, das 3. Stadium zu erreichen, zu hart angefasst wird, zieht er sich unter Umständen in das 1. Stadium zurück. Eine Familie, die im 2. Stadium steht und in der es lieblos zugeht, kann ihre Kinder in das 1. Stadium zurückstoßen.

Wir alle tragen Spuren vorangegangener Entwicklungsstadien mit uns herum. Peck sagt von sich selbst: „Ich habe einen wilden Schotten im Keller – in einem Käfig." Unter Stress und in Krisen fallen wir leicht in frühere Verhaltensmuster zurück.

Die Theorie Pecks erklärt, weshalb es manchmal so schwer ist, in einer größeren Gruppe zu kommunizieren.

Viele Jahre lang habe ich auf dem Walla-Walla-College Studenten, die sich in allen vier Entwicklungsstadien befanden, im Fach Religion unterrichtet. Studenten im 1. und 4. Stadium machten keine nennenswerten Schwierigkeiten. Erstere schalteten entweder ab oder beschwerten sich gelegentlich und die im 4. Stadium verstanden, worum es ging, und unterstützten mich. Die Studenten im 2. oder 3. Stadium stellten das eigentliche Problem dar. Die im 2. Stadium hatten stets Sprecher, die sich erst vor kurzem bekehrt hatten. Sie befürworteten alles, was mit institutionalisierter Religion zusammenhängt, und wollten am liebsten Rechtgläubigkeit erzwingen. Die Adventgemeinde hatte sie ja aus ihrem Chaos befreit; dafür waren sie dankbar und hielten ihr die Treue. Ein anderer, großer Teil der Kursteilnehmer war in Familien im 2. Stadium aufgewachsen und fing nun an, Fragen zu stellen; sie bewegten sich also auf das 3. Stadium zu. Diese beiden Gruppen haben sich oft missverstanden. Die von Studenten im 3. Stadium aufgeworfenen Fragen waren in den Augen der Studenten im 2. Stadium ketzerisch, und deren Begeisterung für alles, was mit formaler Religion zusammenhängt, schien den Studenten im 3. Stadium hoffnungslos naiv zu sein. Wie aber kann man als Lehrer beide in ihrem Anliegen bestätigen und sie dazu ermutigen, den Weg mit Gott weiterzugehen? An dieser Stelle merken wir, warum wir den Heiligen Geist brauchen!

Das Ziel der Gemeinden und ganz besonders der christlichen Oberschulen und Colleges sollte es sein, allen Leuten, die sich im 1. oder 2. Stadium befinden, zu helfen, das 4. Stadium zu erreichen, und sie davor zu bewahren, im 3. Stadium stehenzubleiben.

Peck ist der Ansicht: Jeder kann denen am besten helfen, die in einem Stadium sind, das er selbst gerade hinter sich gelassen hat. Wahrscheinlich trifft das in den meisten Fällen tatsächlich zu. Der beste Evangelist für Menschen im 1. Stadium ist also jemand, der gerade im 2. Stadium ist usw. Wichtig ist, nie zu vergessen, dass Gottes Geist in jedem Stadium an uns wirkt. Unsere Erlösung hängt nicht davon ab, welches Stadium wir erreicht haben. Ich glaube, wir werden in Gottes Reich Menschen in jedem Entwicklungsstadium (außer dem ersten) antreffen. Aber Gott möchte, dass wir alle uns weiterentwickeln und wachsen, weil wir dann ein glückliches und erfülltes Leben führen können.

Drei andere Modelle geistlicher Entwicklung

Das älteste Modell der drei anderen Methoden, die geistliche Pilgerreise zu beschreiben, ist das *klassische*. Mehrere Autoren des Mittelalters haben darüber geschrieben, aber es geht zurück auf noch ältere Traditionen.[4] Manche Autoren der Neuzeit, die sich mit dem geistlichen Leben befassen, stützen sich auf diese Theorie. In unserer Zeit hat Evelyn Underhill, ein Laienglied der Anglikani-

[4] Siehe Benedict J. Groeschel, *Spiritual Passages: The Psychology of Spiritual Development*, Crossroad, New York 1986, S. 194–196.

schen Kirche, den ursprünglichen drei Schritten einen vierten hinzugefügt. Die vier Stufen dieser Theorie sind: *Erwachen, Reinigung, Erleuchtung* und schließlich *Vereinigung mit Gott.*

Während dieses Modell manchem weiterhilft, sind Neubekehrte eher verwirrt, insbesondere über den letzten Schritt. Ihnen ist die Terminologie fremd, und sie können sich die Entwicklung, die mit diesen Begriffen beschrieben werden soll, nicht so recht vorstellen. Einer meiner Studenten kommentierte das Modell mit den Worten: „Man muss schon ein Mönch sein, wenn man das verwirklichen will." Diesen sogenannten klassischen Weg kann man am besten verstehen und diskutieren, wenn bereits ein gewisses Maß an geistlichem Wachstum stattgefunden hat.

Die zweite alternative Beschreibung der geistlichen Pilgerreise wird *Glaubensentwicklung* genannt. Im späten 20. Jahrhundert hat sich wahrscheinlich niemand intensiver darum bemüht zu verstehen, wie der Glaube wächst, als James W. Fowler.[5] Er baut seine Theorie auf die Arbeit des französischen Psychologen Jean Piaget (1896–1980) auf, der sich mit der Entwicklung des logischen Denkens bei Kindern befasst hat.[6] Fowler hat mit Lawrence Kohlberg und anderen zusammengearbeitet, die Piagets Erkenntnisse über die kognitive Entwicklung auf das moralische Verhalten übertragen haben.[7] James Fowlers Theorie ist eindrucksvoll; sie beschreibt die stufenweise Entwicklung des Glaubens von Menschen, die geistlich wachsen.[8] Er sieht sechs Stufen, die oft noch in kleinere Schritte unterteilt worden sind.[9]

---

[5] James W. Fowlers grundlegendes Buch ist auch auf Deutsch erschienen: *Stufen des Glaubens*, Gütersloher Verlagshaus, 2000; siehe auch das Buch von Fowler, *Glaubensentwicklung. Perspektiven für Seelsorge und kirchliche Bildungsarbeit,* KT-Verlag, 1989.

[6] Siehe dazu http://de.spiritualwiki.org/Wiki/Stufenmodelle#toc14.

[7] Siehe dazu http://de.spiritualwiki.org/Wiki/Stufenmodelle#toc5.

[8] Eine gute Zusammenfassung findet man in James W. Fowler, „Life/Faith Patterns: Structure of Love und Loyalty", in Jerome Berryman, Hg., *Life Maps: Conversations on the Journey of Faith,* Word Publ., Waco (Texas) 1978, S. 14–101; siehe auch Kathrin Lückmann, *Bibeldidaktik: Stufenentwicklung nach James W. Fowler,* GRIN-Verlag, München 2003.

[9] Er nennt die sechs Stufen intuitiv-projektiver Glaube, mystisch-wörtlicher, synthetisch-konventioneller, individuierend-reflektiver, verbindender und universeller Glaube (siehe http://de.wikipedia.org/wiki/James_W._Fowler).

Wer sich ernsthaft für dieses Thema interessiert, findet in Fowlers Büchern interessante Einsichten. Für den durchschnittlichen Leser ist seine Theorie jedoch zu komplex und das Vokabular schwer zu verstehen. Fowlers ständige Bezugnahme auf bestimmte Altersstufen hilft zwar denen, die mit Kindern und jungen Leuten arbeiten, ist aber nicht wirklich hilfreich, wenn es um das Verstehen des Entwicklungsprozesses bei über Zwanzigjährigen geht.

Es gibt noch eine dritte Möglichkeit, die Wachstumsstufen im Glaubensleben zu beschreiben. 1995 veröffentlichten Janet O. Hagbert und Robert Guelich ein Buch darüber. Hagbert ist Schriftstellerin und Sozialaktivistin, Guelich ist Theologe, sein Fachgebiet ist das Neue Testament. Sie haben ein Modell mit sechs Stufen entwickelt, das von „Anerkennung der Existenz Gottes" bis zum „Leben in der Liebe" führt.[10] Zur Entwicklung des Glaubenslebens nach diesem Muster gehört es auch, sich ehrlich „der Mauer" zu stellen, die von Anderen auch als „dunkle Nacht der Seele" bezeichnet wird. Kämpfe und Zweifel können nach Hagbert und Guelich auch Fortschritte im geistlichen Leben bedeuten.

Wodurch wird das Wachstum angestoßen?

Eine Frage muss noch beantwortet werden: Was motiviert einen Gläubigen, die nächste Stufe bzw. das nächste Stadium anzustreben? Die Antwort ist nicht leicht zu geben, aber ich möchte abschließend einige Gedanken dazu äußern.

Manche Veränderungen vollziehen sich langsam, in kleinen Schritten. Gott arbeitet an uns und verändert uns ganz allmählich – fast unmerklich. Aber die Bibel spricht auch oft von Krisen; wir finden in ihr zahlreiche dramatische Geschichten – von der Berufung Abrahams bis zu Paulus' Erlebnis auf der Straße nach Damaskus. Ohne Zweifel sind Aufrufe und Botschaften Gottes oft Wendepunkte, aber ich würde noch weitergehen und sagen: Krisen und Konflikte sind oft besondere Gelegenheiten zum Wachsen – selbst wenn es anfangs nicht so aussieht, als gingen sie wirklich von Gott

[10] Janet O. Hagbert und Robert Guelich, *The Critical Journey: Stages in the Life of Faith*, Sheffield Publ., Salem (Wisconsin), 2. Aufl. 2005, S. 113–130.

aus.[11] Wenn wir in ihnen ausharren und bereit sind zu lernen, ist ein Konflikt oder eine Krise eine von Gott geschenkte Gelegenheit zu wachsen. Der Verlust des Arbeitsplatzes, der Eltern oder des Ehepartners, der Verrat eines Freundes oder einer Freundin, der Zerbruch einer Beziehung oder einer Ehe, eine Krebserkrankung oder ein anderes körperliches Leiden, ein finanzieller Verlust, die Enttäuschung wegen eines unerfüllten Traumes – das alles sind Gelegenheiten, uns von Gott verändern zu lassen. Sind wir bereit, daran zu wachsen?

Erst kürzlich wurde bei mir ein Lymphom festgestellt. Es löste bei mir eine körperliche, emotionale und geistliche Krise aus. Sie war sehr schmerzhaft – aber ich bin daran gewachsen. Ich bin überzeugt, dass alle Krisen dieses von Gott geschenkte Potenzial in sich tragen, sodass daraus etwas Gutes für uns erwachsen kann, wie auch Paulus versicherte (siehe Röm 8,28 EB).

Sind wir bereit, unser eigenes Leben zu überprüfen? Es könnte das Tor zum Wachstum und zur Umwandlung öffnen. Wir müssen uns fragen: Wo stehen wir jetzt? Und: In welchen Bereichen unseres Lebens würde Gott uns gern wachsen sehen?

Es ist fast überflüssig zu sagen: Wer wir sind und in welchem Entwicklungsstadium wir uns befinden, hat einen großen Einfluss auf unser Andachtsleben. Unser Entschluss, danach zu streben, unseren geistlichen Hunger zu stillen, wird viel dazu beitragen, dass wir wachsen.

[11] Die theoretische Grundlage für diese Aussage und die einzelnen Schritte, die dabei eine Rolle spielen, erläutert Jame E. Loder, „Transformation in Christian Education“, in Jeff Astley, Leslie J. Francis und Colin Crowder, Hg., *Theological Perspectives on Christian Formation*, Eerdmans, Grand Rapids (Michigan), 1996, S. 270-284.

Kapitel 14

Was soll ich nun tun?

„Ich habe erkannt, dass mein Vertrauen nicht stark genug ist, um jeden Abgrund im Glaubensleben zu überwinden."

„Meine Beziehung zu Gott war am besten, als sie ganz einfach war."

Geistliche Mitpilger

Das Buch, das du jetzt gelesen hast, sollte dir nicht nur Tatsachen und theoretisches Wissen vermitteln. Vielmehr hoffe ich, dass es auch dein Leben verändert und deine Beziehung zu Gott vertieft. Deshalb möchte ich zum Schluss etwas darüber sagen, wie wir uns ständig weiterentwickeln und die besprochenen Werte und Disziplinen in die Praxis umsetzen können. Was müssen wir tun, damit wir nicht aufhören, in Christus zu reifen? Wie kann unsere Beziehung zu ihm im nächsten Jahr noch enger werden, als sie es in der Vergangenheit war? Ich nenne hier sieben Leitlinien.

1. Sei überzeugt, dass das geistliche Leben von zentraler theologischer und praktischer Bedeutung ist. Viele westliche Christen gehen von der unausgesprochenen Voraussetzung aus, dass im Mittelpunkt der christlichen Religion die richtigen Lehren oder Glaubensüberzeugungen stehen. Das Wichtige sei, dass ein Christ die richtige Vorstellung von Gott hat. Viele Christen glauben, dass das rechte Verhalten und die richtige Ethik wahres Christentum ausmache. Ich würde nie bestreiten, dass Theologie und Ethik wichtig sind, aber beides darf nicht höher bewertet werden als die innere Einstellung des Gläubigen und sein Vertrauen und seine Liebe zu Gott.

In den Tagen, als Jesus auf der Erde wirkte, gab es viele rechtgläubige und rechtschaffene Menschen, aber er suchte etwas anderes. Er wünschte sich herzliche Gemeinschaft, in der Menschen die Ehrfurcht gebietende Wahrheit erleben, dass Gott selbst bei uns ist und mit uns kommunizieren und Gemeinschaft pflegen möchte. Das war auch der Grund, warum er Maria, die zu seinen Füßen saß und ihm zuhörte, lobte und ihrer geschäftigen Schwester Martha behutsam klarmachte, dass rastlose Aktivität kein guter Weg ist, ihm zu dienen (siehe Lk 10,38–42).

Ein Leben wahrer Andacht und echter Kommunikation mit Gott ist die Grundlage rettenden Glaubens; diese Wahrheit muss in unserem Herzen und unserem Sinn fest verankert werden. Die Wurzel entscheidet über die Frucht. Erst wenn wir das wirklich glauben, wird es für uns zu einer heiligen Aufgabe, die richtigen Prioritäten zu setzen, uns Zeit für die Disziplinen zu nehmen und beharrlich zu sein.

2. Achte auf die Früchte echter Spiritualität. Alles, was wir tun, hat Auswirkungen. Auch das geistliche Leben macht von dieser Regel keine Ausnahme. Wenn wir merken, dass etwas in unserem Leben Frucht bringt, werden wir motiviert weiterzumachen – ähnlich wie es uns auch anspornt, ein Fitnessprogramm fortzusetzen, wenn wir erleben, dass es unserem Körper guttut.

Nach meiner Erfahrung und auch der meiner Studenten kommt es darauf an zu begreifen, dass wir tatsächlich mit Gott kommunizieren können und er zu uns spricht. Wenn wir das verinnerlicht haben, werden wir sogar bei unseren ersten, vielleicht noch stümperhaften Versuchen die göttliche Gegenwart und Nähe oft überraschend deutlich wahrnehmen. Ein solcher Glaube muss keineswegs auf die Vernunft verzichten, aber er wächst über sie hinaus und lässt uns die Gegenwart Gottes wirklich erleben – und das ist etwas, was man nicht mit Geld kaufen kann. Ich sage nicht, dass jeder Tag zu einem „Aha"-Erlebnis wird, aber solche Erfahrungen werden immer häufiger werden und dem Leben eine Erfüllung schenken, wie wir sie auf andere Weise nicht erleben können.

Auch Freude und Feiern sind Frucht echter Gemeinschaft mit Gott; schließlich ist das Evangelium eine *gute* Nachricht, und gute Nachrichten machen immer Freude. Wenn Gott uns so sehr liebt, dass er mit uns kommunizieren möchte, wenn er durch Jesus den Tod und die Sünde wirklich besiegt hat, und wenn wir – so wie wir sind – aus Gnaden als seine geliebten Kinder angenommen werden, dann ist es nur natürlich, dass wir uns freuen und feiern. Und nichts kann uns diese Freude nehmen.

Jesus liebte Feste. Sein erstes Wunder vollbrachte er auf einer Hochzeit, damit sie noch länger fröhlich gefeiert werden konnte (siehe Joh 2,1–11). Und als er einmal gefragt wurde, warum er nicht fastete wie die Pharisäer, verglich er seinen Dienst hier auf Erden mit einer Hochzeit (siehe Mk 2,18–20). Wenn wir Jesus durch die geistlichen Disziplinen begegnen, können wir gar nicht anders, als Freude zu erleben.

Manche Christen – wohl wissend, dass nach der Bibel Freude zum christlichen Leben gehört (siehe Phil 4,4) – bemühen sich, sich zu freuen, obwohl sie gar keine Freude empfinden. Aber Freude kann man nicht produzieren. Sie stellt sich von selbst ein, wenn wir Jesus erleben, so wie er wirklich ist, und ihm nachfolgen; und dieses Nachfolgen wird ermöglicht durch die geistlichen Disziplinen.

Die Psalmen sind gute Beispiele für wahre Ausgewogenheit. In ihnen finden wir Klagen, Betrübnis und Traurigkeit; als aber der Psalmist schließlich Gott begegnete, freute er sich nicht nur im Stillen, sondern feierte ausgelassen – mit Singen, Tanzen, Freudenrufen und dem Spielen von vielerlei Musikinstrumenten (siehe z. B. Ps 30 und 149,1–5).

Lachen kann durchaus gottgefällig sein (siehe 1 Mo 21,6; Ps 126,2; Lk 6,21b). Ich meine sogar, dass nur der befreit lachen kann, der die Gnade Gottes erfahren hat. Viele von uns lachen nur halbherzig über sich selbst oder Andere – vielleicht weil unsere und ihre Schwächen zu peinlich und zu real sind. Aber wenn wir uns zu unseren Schwächen bekennen und dennoch die Gnade und Annahme Gottes erfahren, dann können wir unbekümmert lachen – gleichsam in der Gegenwart Jesu, der auch lachte.

Wachstum ist ebenfalls eine Frucht der geistlichen Disziplinen. So wie Pflanzen besser wachsen, wenn wir sie düngen und das Unkraut ausjäten, so sorgen die geistlichen Praktiken dafür, dass sich Christen weiterentwickeln. Immer wieder schauen Studenten auf die drei oder vier Monate zurück, in denen sie an meinem Seminar über geistliche Bildung teilgenommen haben, und sind froh und dankbar dafür, dass sie in vielen Bereichen ihres Lebens gewachsen sind. Vielleicht reagieren sie nicht mehr so empfindlich auf Kritik oder sind geduldiger, wenn Probleme auftauchen. Vielleicht sind sie auch innerlich ruhiger und zuversichtlicher. Wachstum kann sich in verschiedenen Bereichen zeigen.

Die geistlichen Disziplinen fördern auch die Bereitschaft, anderen Menschen zu dienen. Wenn wir Gott begegnet sind, wird uns seine Liebe zu allen seinen Kindern stärker bewusst, und wir fangen auch an, sie zu lieben. Ron Sider sagte in Gesprächen über den sozialen Aktivismus der 1960er-Jahre: „Alle, die damals in den USA aufgrund ihrer politischen Überzeugung oder weil es eine soziale Modeerscheinung war für die Bürgerrechte gekämpft hatten, sind 20 Jahre später Börsenmakler gewesen – ein Beruf, den sie früher verabscheut hätten. Heute würden sich nur noch engagierte Christen für Gerechtigkeit einsetzen, und zwar aus religiösen Motiven. Es sei ihre Verbindung mit Gott, die in ihnen die Bereitschaft am Leben halte, Andere zu lieben und ihnen zu dienen."

Manchmal ist es auch umgekehrt, so merkwürdig es klingen mag: Der Dienst für Andere kann uns zurück zu den geistlichen Disziplinen führen. Wenn wir mit Nöten konfrontiert werden, denen wir nicht gewachsen sind, wenn wir sehen, dass unsere Liebe, Geduld und Selbstlosigkeit zu enge Grenzen haben, sehen wir uns gezwungen, Gott zu suchen. Nur er kann uns zum Dienst befähigen; nur er kann in das Leben anderer Menschen eingreifen und sie wirklich umwandeln.

Dienst ist also sowohl Frucht als auch Antrieb der geistlichen Disziplinen und spielt im christlichen Leben eine zentrale Rolle.

3. Sei aufrichtig vor Gott. Je älter ich werde, desto deutlicher sehe ich in mir selbst und auch in anderen Menschen die Neigung zum Selbstbetrug.[1] Meistens wollen wir das gar nicht – uns selbst etwas vormachen. Wir müssen daher bewusst etwas dagegen tun.

Zum Beispiel können wir den Anregungen dieses Buches folgen. Eine jährliche Rüstzeit verschafft uns Zeit, über unsere Fortschritte im geistlichen Wachstum nachzudenken. Regelmäßige Teilnahme an Kleingruppen, in denen geistliche Rechenschaft gefordert wird, und die Treffen mit einem geistlichen Ratgeber oder Mentor, dem wir erlauben, unser Leben gründlich unter die Lupe zu nehmen, helfen uns, ehrlich zu sein.

Solche in regelmäßigen Abständen erfolgenden Evaluierungen schützen uns vor uns selbst. Wir sollten uns Ziele setzen und dann fest einplanen, an denen wir uns periodisch überprüfen.

Ein Weg, aufrichtig zu sein, ist, sich über seine Andachtszeiten Aufzeichnungen zu machen. Ich hatte bereits erwähnt, dass alle Teilnehmer an meinem Seminar über geistliche spirituelle Entwicklung aufschreiben müssen, wie viel Zeit sie mit geistlichen Disziplinen verbracht haben. Natürlich gab es immer einige, die behaupteten, diese Art der „Buchführung" lenke von echter Andacht ab und stehe dem geistlichen Wachstum im Wege. Aber am Ende des Seminars waren mir stets viele Studenten dankbar, weil eben diese tägliche Berichtführung ihnen bewusstgemacht hatte, wie viel bzw. wie wenig Zeit sie tatsächlich mit Gott verbringen.

Die Bereitschaft, uns ehrlich zu fragen, welche Fortschritte wir machen, hilft uns, notwendige Änderungen vorzunehmen, und sorgt dafür, dass wir lernfähig bleiben.

4. Mach dir klar, dass das Wirken des Heiligen Geistes durch nichts zu ersetzen ist. Im Neuen Testament lesen wir, dass die Jünger auf die Ausgießung des Heiligen Geistes warten sollten (siehe Apg 1,4.5). Der Geist rief die dynamische erste Gemeinde ins Leben und leitete den geisterfüllten Petrus an, allen Gläubigen zu versichern, dass auch sie ihn empfangen würden (siehe Apg 2,38.39). Johannes der Täufer hatte mit Wasser getauft, aber Jesus taufte mit dem Heiligen Geist (siehe Mk 1,8; Apg 1,5). Er ist der Stellvertre-

[1] M. Scott Peck, *Die Lügner. Eine Psychologie des Bösen und die Hoffnung auf Heilung* (Claudius-Verlag, München 1990), behandelt dieses Thema sehr ausführlich und vermittelt tiefe Einsichten.

ter Christi, der alles bewirkt, was im geistlichen Leben geschieht. Der Hunger nach Gott, die Kraft der christlichen Gemeinschaft, das Verlangen zu beten und die Freude der Anbetung sind das Werk des Heiligen Geistes. Seine ständige Gegenwart lässt uns in jeder geistlichen Disziplin wachsen. Wir tun gut daran, unsererseits immer nach der Fülle des Geistes zu streben, denn sie ist eine Quelle geistlichen Wachstums.[2]

Ich erinnere hier nur an bekannte theologische und geistliche Wahrheiten. Der Heilige Geist ist eine Person mit großer Vollmacht – keine unpersönliche Kraft. Durch ihn ist Jesus immer bei uns (siehe Joh 14,16–18). Durch den Geist lehrt und segnet uns Jesus ohne Unterlass. Deshalb stellt die lebendige Gemeinschaft mit Gott eine persönliche Liebesbeziehung dar (denn der Geist gießt Gottes Liebe in unser Herz, siehe Röm 5,5), und ist nicht der mechanische Empfang einer göttlichen Kraft. Wo der Geist ist, da spüren wir Christi Gegenwart. Der Geist führt uns ins Gebet (siehe Röm 8,26). So wie wir uns dort wohlfühlen, wo man uns schätzt und wo wir gern gesehen sind, so ist es auch mit dem Geist. Ich halte es für sehr wichtig, jede Zeit, in der wir Gott begegnen möchten, mit der herzlichen Bitte um die Gegenwart des Heiligen Geistes zu beginnen. Du möchtest geistlich wachsen? Dann strebe nach dem Wirken des Geistes. Und wenn du nicht weißt wie, dann finde es unbedingt heraus, denn dein christliches Wachstum hängt davon ab.

5. Höre nicht auf, mehr über das geistliche Leben zu lernen – durch eigenes Lesen, Studieren und Zuhören. Am Ende dieses Buches findest du Literaturempfehlungen zu den besprochenen Themen. Ich hätte noch viele andere Bücher nennen können, habe aber bewusst nur die allerbesten aufgeführt (auch welche auf Deutsch), und hoffe, dass du einige von ihnen lesen wirst.

Als ich mit meiner Ausbildung am Theologischen Seminar der Andrews-Universität fertig war, besaß ich viele Bücher – fast alle über biblische Studien, praktische Theologie (vor allem Predigtlehre) und systematische Theologie. Dazu kamen einzelne Bände über Kirchengeschichte und biblische Sprachen. Diese Auswahl spiegel-

[2] Ausführlicher zum Thema siehe Garrie F. Williams, *Erfüllt sein vom Heiligen Geist – wie erfahren wir das?*, Advent-Verlag, Lüneburg 2007.

te in etwa den Inhalt meiner theologischen Ausbildung wider. Sie umfasste vor allem biblische Studien (Altes und Neues Testament), Theologie und Predigtlehre. Über das geistliche Leben haben wir nie etwas gehört. Gebet und christliche Meditation waren kein Thema, geistliche Biografien wurden nicht zur Kenntnis genommen. Glücklicherweise gibt es heute Anzeichen dafür, dass sich die Predigerausbildung ändern könnte und ausgewogener wird.

Insbesondere Biografien sind in meinen Augen sehr hilfreich. Die Lektüre der Lebensgeschichte geistlicher Pilger hat mich inspiriert und umgewandelt – angefangen von den alten Klassikern wie *Leben in Gottes Gegenwart* von Bruder Lorenz[3] bis hin zu neueren Werken, zum Beispiel Thomas Kellys *Heiliger Gehorsam*[4] und *Dynamik aus der Stille: die Aktualität Frank Buchmans,*[5] die Lebensgeschichte des amerikanischen Theologen (1878–1961) und geistigen Führers der Oxford-Gruppe, der 1938 die Kampagne für „moralische Aufrüstung" startete. Die Geschichte gelebter Spiritualität vermag uns so stark zu motivieren, wie es Bücher über die Theorie geistlichen Lebens nicht können.

6. Suche dir einen Mentor und geistliche Wegweisung. Der Ausdruck „spiritueller Führer" ist für manche Christen ein rotes Tuch, aber das ist gar nicht nötig. Ein geistlicher Mentor ist keine Autorität, die uns vorschreibt, was wir zu tun haben, sondern ein Mitpilger, der uns zuhört und versucht, uns auf unserem Weg zu helfen. Ein Mentor ist jemand mit Erfahrung, der uns dabei hilft, in der Theorie und Praxis der geistlichen Disziplinen zu wachsen. So seltsam es auch klingen mag: In christlichen Kreisen wendet man sich eher an einen psychologischen als an einen geistlichen Berater. Doch beide können sehr hilfreich sein.

Einen Mentor oder geistlichen Führer um Hilfe zu bitten ist kein Zeichen von geistlicher Schwäche, sondern von Aufgeschlossenheit und dem Wunsch, sich weiterzuentwickeln. Vielleicht ist es sogar

---

3 Bruder Lorenz, Frank Laubach und Gene Edwards (Hg.), *Leben in Gottes Gegenwart*, Leuchter Edition, Erzhausen 2006 (und diverse ältere Ausgaben).

4 Thomas R. Kelly, *Heiliger Gehorsam*, Friedrich, Bad Pyrmont 1985.

5 *Dynamik aus der Stille: die Aktualität Frank Buchmans,* Aussaat-Verlag, Wuppertal 1971.

besser, nicht von einem Mentor zu sprechen, sondern von einem „Seelenfreund". Das unterstreicht, wie notwendig und wünschenswert es ist, einen Freund zu haben, der uns hilft, unsere Gemeinschaft mit Gott zu vertiefen.[6]

Leider ist es recht schwer, Menschen zu finden, die die nötige Qualifikation für diesen Dienst besitzen und auch bereit sind, ihn zu tun. Im protestantischen Christentum werden nur selten entsprechende Ausbildungsprogramme angeboten. Manche Pastoren und Berater mögen sich als Mentoren eignen, andere nicht. Jemanden zu bitten, die Rolle eines geistlichen Wegweisers in deinem Leben zu übernehmen, will gut überlegt sein, und aufrichtiges Beten muss einer solchen Entscheidung vorausgehen. Aber die richtige Person zu finden kann sich als außerordentlich hilfreich erweisen.

7. Unterordnung aufgrund von Hingabe an Gott ist unverzichtbar. Das Wort Unterordnung wird heute nicht gern gehört; es verträgt sich nicht mit der in unserer Kultur angestrebten Selbstverwirklichung und individuellen Freiheit. Man darf jedoch nicht die Augen davor verschließen, dass das Neue Testament darauf besteht, dass wir uns Gott und geistlichen Leitern unterordnen.

Paulus appellierte an die Christen: „Gebt euch selbst Gott hin" (Röm 6,6b), und Jakobus schrieb: „Ordnet euch Gott unter!" (Jak 4,7a GNB). Jesus hat uns das vorgelebt. Er betete in Gethsemane zu seinem Vater: „Es soll geschehen, was du willst, nicht was ich will." (Mt 26,39c GNB) Jesus sagte von sich: „Ich bin vom Himmel gekommen, nicht um zu tun, was ich will, sondern um zu tun, was der will, der mich gesandt hat." (Joh 6,38 GNB)

Paulus mahnte die Christen: „Ordnet euch einander unter, wie es die Ehrfurcht vor Christus verlangt." (Eph 5,21) Das ist eigentlich die natürliche Folge unserer Unterordnung unter Gott. In Hebräer 13,17 lesen wir: „Gehorcht und fügt euch euren Führern! Denn sie wachen über eure Seelen." (EB) Und Petrus schrieb: „Ihr Jüngeren, ordnet euch den Ältesten [Gemeindeleitern] unter. Alle aber

[6] Zum hilfreichen Konzept der Minigruppen, das seit einigen Jahren unter Christen populär geworden ist, siehe Neil Cole, *Klein und stark: Minigruppen – Ein Weg zur ganzheitlichen Nachfolge,* C & P-Verlagsges./ Coachnet, 1999.

miteinander haltet fest an der Demut.“ (1 Ptr 5,5) Unter den ersten Christen war von der Regel niemand ausgenommen.

Zwar hat uns die Botschaft des Evangeliums vom Status eines Untergeordneten befreit; Jesus hat uns frei gemacht (siehe Gal 5,1a). Sklave und Herr, Chef und einfacher Arbeiter haben vor Gott den gleichen Status und sind Brüder und Schwestern in Christus (siehe Gal 3,28). Aber weil wir wissen, dass wir frei sind, können wir uns freiwillig sowohl Gott als auch Menschen unterordnen. Es gibt allerdings auch eine fehlgeleitete Unterordnung: die Grenzen sind oft schwer zu bestimmen. Im Allgemeinen sollen sich Christen aber dem klaren Willen Gottes unterordnen und auch menschlicher Autorität, solange sie nicht dem Willen Gottes widerspricht.

Sich unterzuordnen hat etwas mit gehorchen zu tun. Wenn wir uns zum Gehorsam entschließen, ordnen wir uns Gottes Geboten unter, die wir aus Liebe halten (siehe 1 Joh 5,3; Joh 14,15). Für Christen ist insbesondere das Gebot der Nächstenliebe richtungsweisend (siehe Röm 13,8–10).

Und was hat das mit dem Thema dieses Buches zu tun – also mit dem geistlichen Leben und den spirituellen Disziplinen? Gott ruft uns auf, ihn zu lieben, ihn anzubeten und ihm zu gehorchen. Der direkteste Weg, das zu tun, ist, Verbindung mit ihm aufzunehmen, und das wiederum geschieht am besten, indem wir die geistlichen Disziplinen, die er uns geschenkt hat, praktizieren. Wer das nicht tut, weigert sich, sich Gott unterzuordnen und ihm zu gehorchen. Sich unterzuordnen bedeutet in diesem Zusammenhang festzulegen, was wir (regelmäßig) tun wollen, um die Gemeinschaft mit Gott zu vertiefen.

Zu warten, bis wir „Lust dazu haben“ oder „inspiriert sind“ oder uns dazu „gedrungen“ fühlen, hieße, uns auf unsere schwankenden Stimmungen zu verlassen. Wenn wir uns aber an die Zeiten und Praktiken halten, zu denen wir uns selbst verpflichtet haben, brauchen wir uns nicht mehr von unseren Gefühlen leiten zu lassen – denn davon sind wir jetzt befreit; wir geben unserer Hingabe an Gott Struktur und machen sie konkret.

Es ist dabei wie mit der Einnahme von Medikamenten, die wir brauchen, um gesund zu werden. Der Arzt sagt, dass wir sie täglich einnehmen müssen, aber wir greifen nur zu den Tabletten, wenn wir den subjektiven Eindruck haben, dass es nötig ist, oder wenn wir uns danach fühlen. Das bringt uns in eine unangenehme Situation. Denn nun müssen wir uns jeden Tag neu entscheiden, ob uns danach ist, die Medizin zu nehmen, oder ob wir den Eindruck haben, dass es nicht nötig ist. Jede einzelne Pilleneinnahme erfordert dann eine neue Entscheidung.

Da ist es doch viel besser, sich zu entschließen, sich Gott hinzugeben, sich seinem Willen unterzuordnen und mit ihm zu kommunizieren. Mach dir einen festen Zeitplan und halte ihn so pünktlich ein, wie du deine Essenszeiten einhältst. Dein Entschluss, dich Gott unterzuordnen, gibt ihm die Möglichkeit, in einer Weise in deinem Leben zu wirken, wie du es jetzt nicht für möglich hältst.

Ich bin überzeugt und habe erlebt, dass ein Leben in Gemeinschaft mit Gott eine einzigartige Erfahrung ist, die uns umwandelt. Der Gewinn zeigt sich sowohl in dieser als auch in der zukünftigen Welt. Um deiner selbst und um des Reiches Gottes willen: Schlage bitte diesen Weg ein – und du wirst erleben, dass dein geistlicher Hunger gestillt wird.

Anhang 1

Fragen zur Lebensinventur

Der Weg zur geistlichen und emotionalen Heilung beginnt mit einer mutigen, aufrichtigen Lebensinventur. Nur wenn wir ansehen, was wir in der Vergangenheit getan haben bzw. gegenwärtig tun und was uns Andere angetan haben bzw. zurzeit antun, können wir die Notwendigkeit einer Heilung und Veränderung wirklich verstehen. Bete zuerst, dass Gott deine Gedanken leiten und dir nötige Aufrichtigkeit schenken möge, bevor du die folgenden Fragen schriftlich auf einigen Blättern beantwortest.

In jedem Bereich musst du sorgfältig zwischen deinen eigenen Handlungen bzw. dem unterscheiden, wofür du verantwortlich bist, und den Handlungen und Einstellungen anderer Menschen dir gegenüber und ihrer Verantwortung dafür.

A. Gestörte Beziehungen in vier Bereichen

(als Folgen des Sündenfalls, siehe 1 Mo 3,7–12.16–19)

1. Die Beziehung zu uns selbst
   Wie siehst du dich selbst? Bist du über dich glücklich und mit dir zufrieden? Was magst du am wenigsten an dir? Ist dir Zeit allein mit dir selbst angenehm? Möchtest du, dass Andere dich so sehen, wie du wirklich bist? Schämst du dich wegen irgendetwas? Möchtest du gern etwas verbergen? Wenn ja, was? Wie versuchst du es und wie erfolgreich bist du darin?
   Wie haben andere Menschen deine Sichtweise über dich selbst beeinflusst? Fühlst du dich dir selbst entfremdet wegen ihrer Handlungen oder Einstellungen dir gegenüber? Wenn ja, durch wen und wodurch?

2. Die Beziehung zu Gott
   Welche Einstellung hast du zu Gott? Wie ist deine Beziehung zu ihm? Liebst du ihn von Herzen und gehorchst du ihm? Spürst du seine Nähe? Oder fühlst du dich von Gott getrennt durch Ängste, Sorgen oder Ungehorsam? Versuchst du, vor Gott zu fliehen oder dich vor ihm zu verbergen?
   Wie wurdest du erzogen bezüglich deiner Beziehung zu Gott? Haben dir andere Menschen Angst vor Gott nahegebracht oder dich gelehrt, dich vor ihm zu verbergen? Was haben sie zu deiner Trennung von Gott beigetragen?
3. Die Beziehung zu unseren Mitmenschen
   Wie steht es um deine Beziehungen zu anderen Menschen, speziell zu deinen Eltern, Geschwistern, Kindern, Freunden, Kollegen und deinem Partner bzw. deiner Partnerin? Von wem bist du entfremdet? In wessen Gegenwart fühlst du dich unwohl? Was hast du selbst zu belasteten Beziehungen beigetragen?
   Welche Personen haben dir Unrecht angetan? Wer hat gegen dich gesündigt und in welcher Weise? Wie haben Andere die Beziehung zu dir zerbrochen?
4. Die Beziehung zum Körper, zur Natur und zur Umwelt
   Inwieweit beachtest du die Prinzipien zur Gesunderhaltung? Schädigst du deinen Körper in irgendeiner Weise? Leidest du unter Schmerzen, Krankheit, Stress oder Überarbeitung?
   Wie behandelst du die Natur und die Umwelt? Trägst du zur Umweltverschmutzung oder Ressourcenvergeudung bei, obwohl du das leicht vermeiden könntest?
   Hat sich das Fehlverhalten Anderer auf deine Gesundheit oder deine Lebensumstände ausgewirkt? In welcher Weise?

B. Die Übertretung der Zehn Gebote (siehe 2 Mo 20)

1. Hattest oder hast du noch andere Götter oder jemanden, den bzw. etwas, das du mehr verehrst als Gott?
2. Hast du ein Gottesbild hergestellt oder angebetet?
3. Entehrst du auf irgendeine Weise den Namen Gottes?
4. Hast du den Sabbat gebrochen oder tust du es zurzeit?
5. Hast du deine Eltern geliebt, geehrt und für sie gesorgt?

6. Hast du jemanden umgebracht oder möchtest du es tun?
7. Hast du die Ehe gebrochen, betreibst du Unzucht oder unterhältst du außereheliche Beziehungen?
8. Hast du anderen Menschen ihr materielles oder geistiges Eigentum, ihre Ehre oder den guten Ruf gestohlen?
9. Hast du Andere angelogen oder verleumdet bzw. sie durch deine Worte, deine Taten oder dein Schweigen getäuscht?
10. Begehrst du irgendetwas, das Anderen gehört?

C. Sündige Verhaltensweisen (siehe Gal 5,19–21)

1. Unzucht und sexuelle Zügellosigkeit
   Hast du illegitime sexuelle Beziehungen (gehabt) oder betreibst du abartige sexuelle Praktiken wie Unzucht, sexuelle Gewalt, Kindesmissbrauch, Ansehen von Pornographie usw.?
   Bist du ein Opfer von Inzest, Vergewaltigung oder sexueller Belästigung bzw. Gewalt?
2. Götzendienst und -anbetung
   Hast du dich jemals an der Anbetung in einer nichtchristlichen Religion beteiligt? Nehmen irgendwelche Personen oder Dinge den Platz in deinem Leben ein, der Gott gebührt?
   Hat ein Elternteil, ein Verwandter oder eine andere Person dich einem Götzen geweiht oder dich zur Anbetung in einer nichtchristlichen Religion verleitet?
3. Magische und spiritistische Praktiken
   Hast du dich jemals auf irgendwelche magische, okkulte oder spiritistische Praktiken eingelassen oder tust du es noch?
   (Dies beinhaltet die Benutzung von Glücksbringern, Amuletten, Fetischen, Bachblüten, Tarotkarten, Kristallkugeln, Ouijabrettern, Hexenbüchern, Voodoopuppen; die Inanspruchnahme von Astrologen, Wahrsagern, Kartenlegern, Handlinienlesern, Hellsehern, spiritistischen Medien, Heilern u. a. und die Beteiligung an Gläserrücken, spiritistischen Sitzungen, Channeling, Geisterbeschwörungen oder schwarzen bzw. Satansmessen usw.)
   Hat sich einer deiner Eltern, Groß- oder Urgroßeltern mit einer dieser Praktiken beschäftigt? Hat jemand dich oder deine Familie verflucht oder dich einem Geistwesen geweiht?

4. Hass, Feindschaft, Zwietracht und Spaltungen
   Hasst du jemanden oder etwas, das gut ist? Bist du jemandem feindlich gesinnt? Hast du etwas getan, das Zwietracht oder Spaltung in deine Familie, Gemeinde oder Firma gebracht hat? Hast du eine Entzweiung zwischen Personen bewirkt?
   Bist du das Opfer von Hass oder Feindschaft? Wenn ja, wer hasst dich und wie wirkt sich das aus? Hat irgendjemand eine Entzweiung oder Entfremdung in deinem Leben bewirkt?
5. Streitsucht und Intrigen
   Entfachst du gern Streit? Initiierst du Intrigen oder beteiligst du dich an ihnen?
   Bist du das Opfer von Streitsucht, Intrigen oder Mobbing (gewesen)? In welcher Weise und durch wen?
6. Eifersucht, Neid und Missgunst
   Welche Rollen spielen Eifersucht und Neid in deinem Leben? Auf wen bist du eifersüchtig? Wen beneidest du oder auf was bist du neidisch? Bist du missgünstig gegenüber Anderen?
   Bist du das Opfer einer eifersüchtigen oder neidischen Person? Was hat sie dir angetan?
7. Zorn- und Wutausbrüche
   Auf wen bist du (manchmal) wütend? Welche Verhaltensweisen oder Situationen machen dich wütend? Wie wirkt sich das aus? Stören Zorn- oder Wutausbrüche (manchmal) dein Leben? Über welche Erlebnisse oder Erfahrungen der Vergangenheit bist du immer noch wütend oder verbittert?
   Warst du das Opfer von Zorn- und Wutausbrüchen? Hast du Zorn erlebt, den du nicht verdient hast? Von wem und in welcher Weise? Was ist dir bei Wutausbrüchen angetan worden?
8. Trunk- und Fresssucht, Ausschweifungen und Süchte
   Bist du von Alkohol oder Drogen abhängig? Benutzt du Medikamente zur Leistungssteigerung oder Stimmungsaufhellung? Berauscht du dich an irgendetwas oder bist du nach etwas süchtig (z. B. Glücksspiele)? Hast du Fressattacken oder benutzt du das Essen zur Bewältigung deiner seelischen Probleme?
   Ist jemand aus deiner Familie süchtig (gewesen)? Bist du in irgendeiner Weise das Opfer einer süchtigen Person?

Die Lösung (siehe auch Kapitel 3)

A. Bekenntnis

Ein christliches Bekenntnis bedeutet, dass wir Gott und der Person, der wir Unrecht getan haben, unser Vergehen eingestehen. Dabei ist wichtig, dass das Bekenntnis konkret ist und die Sünde ohne Verharmlosung beim Namen genannt wird.

Das Bekenntnis gegenüber einem anderen, reifen Christen (siehe Jak 5,16a) ist eine Hilfe, aufrichtig unsere Sünden anzusehen und uns der Vergebung gewiss zu werden (Joh 20,23).

Manche Sünden (z. B. Abtreibung aus sozialen Gründen) sollten mit einem kompetenten Seelsorger besprochen werden.

B. Reue

Reue ist eng mit dem Bekenntnis verbunden. Es geht um eine *Sinnesänderung:* sich von Sünde abwenden und sich entscheiden, sie aufzugeben (siehe Spr 28,13). Uns tut unser Verhalten leid und wir bitten Gott, uns von der Sünde zu befreien.

Echte Reue beinhaltet, dass wir versuchen, das Unrecht, das wir Anderen angetan haben, wieder gutzumachen. Andere, reife Christen können uns helfen, den Weg dazu zu finden.

C. Vergebung

Wenn wir unsere Sünde bereut und bekannt haben, können wir freudig Gottes Vergebung und Befreiung in Anspruch nehmen (siehe 1 Joh 1,9; Joh 8,34.36).

Die Vergebung, die wir empfangen haben, geben wir an Andere weiter, die uns Unrecht getan haben (siehe Mk 11,25) und verändern unser Verhalten ihnen gegenüber (siehe Mt 5,44.45).

Wenn wir dieser Vorgehensweise nachdenklich und sorgfältig folgen, werden wir verändert und seelisch geheilt. Friede mit Gott erfüllt unser Herz. Manchmal wirkt sich das sogar körperlich aus.[1]

---

[1] Bei okkulten Belastungen und schwerwiegenden seelischen Verletzungen ist mehr erforderlich, als hier in Kürze dargestellt werden kann. Siehe Kurt Hasel, *Zauber des Aberglaubens – Belastung und Befreiung* (erhältlich über das Internet), Nancy und Ron Rockey, *Wie Gefühle heilen können nach Verletzungen in der Kindheit* (Advent-Verlag 2004, 2. Aufl. 2006), und Lourdes Morales-Gudmundsson, *Ich verzeihe dir – aber…* (Advent-Verlag, 2010).

Anhang 2

Literaturempfehlungen[1]

1. Allgemeine Bücher zum Thema Spiritualität

Chan, Simon: *Spiritual Theology: A Systematic Study of the Christian Life,* InterVarsity Press, Downers Grove (Illinois), 1998

Foster, Richard: *Nachfolge feiern: Geistliche Übungen neu entdeckt,* SCM R. Brockhaus, Wuppertal 2010

McNeal, Reggie: *A Work of Heart,* Jossey-Bass, San Francisco 2000

Mulholland, M. Robert Jr.: *Invitation to a Journey: A Road Map for Spiritual Formation,* InterVarsity Press, Downers Grove (Illinois), 1993.

Nouwen, Henry J. M: *Making All Things New: An Invitation to the Spiritual Life,* Harper & Row, San Francisco 1981

White, Ellen G.: *Der bessere Weg zu einem neuen Leben,* Advent-Verlag Lüneburg, Neuausgabe 2009

2. Autobiografien

Hinson, Glenn E. , Hrsg.: *The Doubleday Devotional Classics,* Bd. II (Berichte von George Fox, David Brainerd und John Woolman), Bantam Doubleday Dell, 1978

Kelly, Thomas R.: *Heiliger Gehorsam,* Friedrich, Bad Pyrmont 1985

Lorenz, Bruder, Frank Laubach und Gene Edwards (Hg.), *Leben in Gottes Gegenwart,* Leuchter Edition, Erzhausen 2006 (und diverse ältere Ausgaben)

---

[1] Bitte beachten: Die Aufnahme eines Buches in diese Liste bedeutet nicht, dass ich mit seinem gesamten Inhalt einverstanden bin.

3. Persönlichkeit und Spiritualität

Goldsmith, Malcolm: *Knowing Me, Knowing God: Exploring Your Spirituality with Myers-Briggs,* Abingdon Press, Nashville 1998

Keating, Charles J.: *Who We Are is How We Pray: Matching Personality and Spirituality.* Twenty-third Publications, Mystic (Connecticut), 1987

Keirsey, David, und Marilyn Bates: *Versteh mich bitte,* Prometheus Books, 1990

Oswald, Roy M., und Otto Kroeger: *Personality Type and Religious Leadership,* The Alban Institute, New York 1988

Schwarz, Christian A.: *Die drei Farben deiner Spiritualität,* Gerth Medien, Asslar 2009

4. Anbetung

Hayford, Jack W.: *Worship His Majesty,* Word Books, Waco (Texas), 1987

Webber, Robert E.: *Worship is a Verb,* Word Books, Waco (Texas), 1985

5. Reue, Bekenntnis und Vergebung

Augsburger, David W.: *Helping People Forgive,* Westminster John Knox, Louisville (Kentucky), 1996

Morales-Gudmundsson, Lourdes E.: *Ich verzeihe dir, aber …,* Advent-Verlag, Lüneburg 2010.

Seamands, David A.: *Heilung der Erinnerungen, Das Wunder der inneren Heilung,* Verlag der Francke-Buchhandlung, Marburg/Lahn 1990.

6. Gebet

Bounds, E. M.: *Kraft durch Gebet,* Herold Schriftenmission, Frankfurt/Main 1993

Shewmake, Carrol Johnson: *Practical Pointers to Personal Prayer,* Review and Herald, Washington D.C. 1989

7. Nachsinnen über Gott (Meditation)

Huggett, Joyce: *The Joy of Listening to God,* InterVarsity Press, Downers Grove (Illinois), 1986

Postema, Don: *Space for God, The Study and Practice of Spirituality and Prayer,* Board of Publications, Christian Reformed Church, 1983

Toon, Peter: *From Mind to Heart: Christian Meditation Today,* Baker Book House Grand Rapids (Michigan), 1987

8. Bibelstudium

Mulholland, M. Robert Jr.: *Shaped by the Word: The Power of Scripture in Spiritual Formation,* The Upper Room, Nashville 1985

Vest, Norvene: *Bible Reading for Spiritual Growth,* HarperCollins, New York 1993

9. Tagebuch führen

Cargas, Harry J., and Roger J. Radley: *Keeping a Spiritual Journal,* Nazareth, Garden City (New York), 1981

Klug, Ronald: *How to Keep a Spiritual Journal,* Augsburg Publ., Minneapolis 1993

10. Lebensstil und Einfachheit

Foster, Richard J.: *Leben mit leichtem Gepäck,* SCK Collect Verlag, 1987

Sider, Ron: *Der Weg durchs Nadelöhr. Reiche Christen und Welthunger,* Aussaat-Verlag, Wuppertal 1978

11. Geistliche Führung und Beratung

Kelsey, Morton T.: *Companions on the Inner Way: The Art of Spiritual Guidance,* Crossroads, New York 1983

Leech, Kenneth: *Soul Friends: A Study of Spirituality,* Harper & Row, New York 1980

Die meisten der englischsprachigen Bücher kann man über www.amazon.de beziehen.